생성형 AI와 미디어 산업 비즈니스 모델

AI문고

인공지능 시대입니다. 기계가 인간의 인지를 대신하고, 사물이 인간을 통하지 않고 다른 사물과 직접 커뮤니케이션합니다. 이에 따른 인간 삶과 문명 변화를 정확히 이해·예측·대응하는 것은 이 시대 우리 모두의 과제입니다. AI문고는 인공지능 기술과 환경의 여러 주제를 10가지 키워드로 정리합니다. 관련 개념과 이론, 학계와 산업계의 쟁점, 우리 일상의 변화를 다룹니다. 인간과 기술의 현재, 미래를 세심히 분석합니다.

일러두기

- 인명, 작품명, 저서명, 개념어 등은 한글과 함께 괄호 안에 해당 국가의 원어를 병기했습니다.
- 외래어 표기는 현행 어문규정의 외래어표기법을 따랐습니다.

처음이세요?

전문가세요?

생성형 AI와 미디어 산업 비즈니스 모델

백상기

대한민국, 서울, 커뮤니케이션북스, 2025

생성형 AI와 미디어 산업 비즈니스 모델

지은이 백상기
펴낸이 박영률

초판 1쇄 펴낸날 2025년 4월 11일

커뮤니케이션북스(주)
출판 등록 2007년 8월 17일 제313-2007-000166호
02880 서울시 성북구 성북로 5-11
전화(02) 7474 001, 팩스(02) 736 5047
commbooks@commbooks.com
www.commbooks.com

ISBN 979-11-430-0012-5 03500

책값은 뒤표지에 표시되어 있습니다.

차례

생성형 AI, 미디어 산업 패러다임 혁신

문장 몇 개만 입력하면 콘텐츠를 바로 만들어 주는 '챗지피티3.5(ChatGPT3.5)'가 2022년 11월 출시된 이후 생성형 AI는 미디어 산업을 비롯해 여러 산업과 기업, 이용자 등에게 지대한 영향을 미치고 있다. 기술 의존도가 높은 미디어 산업은 어느 산업보다 생성형 AI의 영향을 많이 받고 있다. 콘텐츠 기획과 제작, 유통, 이용자 서비스 등 거의 모든 분야가 생성형 AI의 영향권 내에 있다. 글로벌 미디어 산업을 이끄는 콘텐츠 제작사와 방송사, 언론사는 물론 스마트폰이나 OTT 등 제조사와 플랫폼까지 AI 전략을 본격적으로 추진하고 있다. 이 책에서는 미디어 산업을 송두리째 바꿀 생성형 AI에 대해 알아본다. 다음으로 미디어 산업이 생성형 AI로부터 어떤 영향을 받고 있으며, 또 미디어 기업들은 생성형 AI를 어떻게 활용하고 있는지 살펴본다. 이를 바탕으로 미디어 산업의 AI 비즈니스 모델을 검토하고 미래를 내다보고자 한다.

음악에 대한 AI 영향

첫 번째는 생성형 AI가 '음악 산업'에 미치는 영향이다. 생성형 AI가 노래의 작곡과 편곡, 마스터링을 자동으로 수행하면서 음악 제작 시스템을 혁신하고 있다. 이용자 맞춤형 음악을 실시간으로 생성하는 AI DJ를 운영하고, AI 사운드트랙을 제작할 수 있다. AI 음성합성 기술이 '버추얼 아이돌'을 생성하여 다양한 언어와 스타일의 노래를 제작한다. 가까운 미래에 AI 작곡이 더욱 정교해지면 인간 작곡가와 협업도 가능할 것으로 예상된다. 음악 콘텐츠 유통도 빠르게 변하고 있다. AI 기반 스트리밍 서비스가 이용자의 개인적인 음악 취향을 분석하여 초개인화된 플레이리스트를 제공한다. 실시간 생성형 AI 음악이 라이브 스트리밍은 물론 게임 산업에서도 활용될 것으로 전망된다. 그러나 우려 사항도 있다. AI 기반 음악의 여러 저작권 이슈도 그중 하나다. AI 커버 곡이 대표적인 사례다. 기존 노래나 작곡, 작사 등을 학습해서 새로운 것을 만드는 생성형 AI의 특성에 기인한 것으로, 대응 방안이 필요해 보인다.

게임에 대한 AI 영향

두 번째는 생성형 AI가 '게임 산업'에 미치는 영향이다.

생성형 AI가 게임 내 환경과 캐릭터, 스토리를 제작함으로써 개발자의 생산성을 크게 높이고 있다. AI 기반 '비플레잉 캐릭터'는 게임 참여자와 자연스럽게 상호작용을 하여 이용자의 게임 몰입감을 한층 증대시켰다. 프로시저럴 콘텐츠 생성을 활용하여 방대한 게임 세계를 실시간으로 생성할 수 있다. 생성형 AI로 게임 트레일러나 광고를 제작하여 마케팅 비용을 절감할 수 있다. 유통과 이용자 서비스도 빠른 속도로 진화하고 있다. AI 기반 추천 시스템은 이용자의 개인적인 선호도를 분석한 후 좋아할 만한 게임을 추천한다. 앞으로는 AI가 직접 게임을 디자인하는 수준으로까지 발전하여 게임 개발의 새로운 패러다임이 마련될 것으로 전망된다. 인터넷을 통해 데이터 저장과 서버 운영, 소프트웨어 실행을 하는 클라우드 기반 AI 게임 개발 플랫폼이 활성화되면서 소규모 제작사도 대형 게임을 개발할 수 있을 것으로 기대된다.

영상에 대한 AI 영향

세 번째는 생성형 AI가 '영상 산업'에 미치는 영향이다. 생성형 AI는 영화의 시나리오 작성과 스토리보드 제작, 시각효과 생성, 디지털 배우 대역 활용 등 전체 영화 제작 과정에 영향을 미친다. AI가 드라마 시나리오 작성을 돕고, 캐릭터 성격과 서사를 자동 생성할 수 있다. AI 영상합성 기술을 활용하면 배우의 촬영 일정을 줄이고, 특정 장면을 생성형 AI가 보완할 수 있다. AI가 생성한 가상 배우와 대본 등을 통해 제작비를 낮추고 효율성을 높일 수 있게 됐다. 유통과 이용자 서비스도 진화하고 있다. AI 추천 시스템이 더욱 정교해져 이용자 맞춤형 영화 추천이 강화되고, AI 기반 자동 자막 · 더빙 기술에 힘입어 보다 빠르게 글로벌 서비스를 할 수 있게 됐다. 몇 년 후에는 AI 영화감독과 AI 배우가 등장하면서 인간 창작자와 협업하는 새로운 제작 방식이 나올 수 있을 것으로 기대된다. 드라마에서는 AI만으로 제작한 드라마가 등장할 수 있고, 이용자별 맞춤형 드라마 콘텐츠 제작도 시도할 것으로 보인다.

스마트폰과 OTT에 대한 AI 영향

네 번째는 생성형 AI가 '스마트폰'과 'OTT'에 미치는 영향이다. 먼저 스마트폰에 대한 영향이다. 생성형 AI 기능이 있는 스마트폰은 영상과 이미지, 음성, 텍스 등을 자동으로 만든다. 음성합성 기술은 스마트폰에서 바로 더빙을 가능하게 하고, 영상 생성 기술은 짧은 애니메이션을 실시간으로 제작할 수 있게 한다. 누구나 스마트폰으로 고품질의 콘텐츠를 제작할 수 있는 시대가 열린 것이다. AI 챗봇과 음성 비서는 이용자와의 대화를 통해 맞춤형 콘텐츠를 제공하고, AI 기반 영상 편집 기술은 스마트폰으로 촬영한 영상을 자동으로 편집해 준다. 이러한 기술이 발전하면 숏폼 콘텐츠 소비가 보다 증가할 것으로 예상된다. 나아가서 AI와 스마트폰의 결합으로 인해 초보자도 쉽게 크리에이터가 될 수 있게 됐다. 그러나 일부 문제점도 우려된다. 즉, AI 생성 콘텐츠의 신뢰성과 품질 문제가 제기될 수 있고, 가짜뉴스와 거짓 정보 등과 같은 부작용도 걱정거리다.

다음은 'OTT'에 대한 영향이다. AI는 OTT 플랫폼에서 추천 알고리즘을 고도화해 이용자 경험을 개선하고 있다. AI 기반 개인 맞춤형 추천 시스템이 발전하면서 이용자가 좋아할 만한 콘텐츠를 빠르게 찾을 수 있게 된 것이다. AI는 실시간 데이터 분석을 통해 이용자의 반응을 빠르게 확인하고, 이용자별 맞춤형 마케팅을 진행할 수 있다. AI 기술이 좀 더 발전하면 OTT 플랫폼에서 AI가 자체적으로 콘텐츠를 제작할 수도 있다. 특정 배우나 감독의 스타일을 학습한 AI가 새로운 시리즈를 제작하는 방식이 가능할 것으로 보인다. 그러나 AI가 생성한 콘텐츠의 저작권 이슈와 윤리적 문제는 물론, 예상치 못한 악의적인 영상이 나올 수도 있다.

웹툰과 애니메이션에 대한 AI 영향

다섯 번째는 생성형 AI가 '웹툰 산업'과 '애니메이션 산업'에 미치는 영향이다. 먼저 웹툰은, 이미지를 만들어 주는 생성형 AI를 활용하면 웹툰의 배경과 캐릭터 디자인 등을 쉽게 제작하기 때문에 작가의 업무 부담을 상당 부분 줄일 수 있다. 웹툰의 대사와 스토리 전개를 자동으로 만들어 주는 생성형 AI 앱까지 개발되면서 이전보다 제작 기간을 대폭 줄일 수 있게 됐다. 웹툰 산업의 패러다임이 바뀔 정도의 여건이 마련된 것이다. 그러나 우려 사항도 존재한다. 먼저 저작권 이슈다. 생성형 AI의 특성상 상당한 양의 기존 웹툰을 학습해야 하는데, 여기서 저작권 문제가 발생할 수 있다. 생성형 AI가 웹툰 작가의 창의성을 위협할 수도 있다. 생산성이 높다고 AI만 활용할 경우, 작가의 일할 기회가 줄고 장기적으로는 작가의 실력을 떨어트릴 것이기 때문이다. 웹툰의 유통과 이용자 서비스도 많은 변화를 겪고 있다. AI 기반 웹툰 추천 알고리즘은 이용자에게 맞춤형 큐레이션을 강화하고 있다. 이용자별로 취향을 분석해 선호하는 장르와 스타일의 웹툰을 추천함으로써 플랫폼에 머무르는 시간을 늘리고 있다. 앞으로는 AI가 이용자 맞춤형 웹툰을 자동 생성하는 서비스도 가능해질 전망이다.

다음으로 애니메이션이다. 생성형 AI가 캐릭터의 디자인과 배경 생성, 애니메이션 동작을 자동화하여 제작 시간과 비용을 줄여준다. 생성형 AI를 활용하여 사람의 표정과 입 모양, 얼굴 움직임을 생성, 조작, 개선하는 기술인 '딥 러닝 기반 페이셜 애니메이션' 기술은 캐릭터의 감정 표현이 자연스럽도록 돕는다. 유통에서도 큰 변화가 예상된다. 빠른 속도로 외국어를 생성해주는 AI 자막과 더빙 기술을 활용하여 작품을 세계 시장에 바로바로 배포할 수 있다. 향후 AI가 애니메이션 제작의 핵심 역할을 담당할 경우, 개인 크리에이터도 경쟁력 있는 애니메이션을 제작할 수 있을 것으로 기대된다. 소규모 콘텐츠 기업이라도 아이디어와 기획만 우수하다면 얼마든지 대형 미디어 기업을 제치고 이용자의 선택을 받는 날이 다가오고 있다.

지식재산권과 AI

여섯 번째는 생성형 AI가 '지식재산권' 사업에 미치는 영향이다. 지식재산권 사업은 특정 장르의 콘텐츠를 다른 장르로 다시 제작하거나 다양한 굿즈 등을 제작 · 판매하는 것을 말한다. 웹툰이 인기를 끌면 실사 영화나 드라마, 게임 등을 제작하고, 웹툰 캐릭터로 다양한 상품을 만들어서 판매하는 식이다. 여기에 여러 장르의 콘텐츠 제작을 쉽게 해주는 생성형 AI가 연결되면 지식재산권 비즈니스가 고속 성장할 것이다. 이는 콘텐츠와 비즈니스 아이디어가 우수하다면 개인 창작자와 중소 콘텐츠 기업도 대형 제작사와 경쟁할 수 있는 여건이 조성된다는 것을 의미한다. 유통에서도 많은 변화가 예상된다. AI 생성 콘텐츠가 증가하면서 기존 OTT와 SNS 등 기존 플랫폼이 아닌 AI 기반의 새로운 콘텐츠 유통 채널이 등장할 가능성이 많다. 생성형 AI가 콘텐츠 트렌드를 분석하여 인기 있는 IP를 발굴하고, 이를 새로운 형식(웹툰, 웹소설, 게임 등)으로 확장하는 것을 도울 것이다.

초개인화와 AI

일곱 번째는 '초개인화'와 생성형 AI이다. 디지털 기술의 발전과 데이터 활용의 증가로 인해 최근 초개인화 현상이 두드러지고 있다. 자신을 중요시하는 트렌드와 함께 하이테크의 고속발전으로 개별 이용자 맞춤형 상품이나 서비스가 대거 증가한 데 따른 것으로 풀이된다. 생성형 AI의 발전은 초개인화 현상을 더욱 가속할 수 있다. 생성형 AI는 이용자의 데이터를 바탕으로 텍스트와 이미지, 음악, 영상 등 다양한 형태의 콘텐츠를 자동으로 생성한다. 기존의 추천 시스템이 이용자의 과거 행동 데이터를 분석하여 적절한 콘텐츠를 제공하는 방식이었다면, 생성형 AI는 한 걸음 더 나아가 이용자의 취향과 상황에 맞춘 새로운 콘텐츠를 만들어 내는 것이 가능하다. 이를 통해 미디어와 마케팅, 교육, 헬스케어 등 여러 산업으로 초개인화 서비스가 빠른 속도로 퍼지고 있다(챗지피티 4o 생성 후 일부 반영).

광고에 대한 AI 영향

여덟 번째는 생성형 AI가 '광고 산업'에 미치는 영향이다. AI는 자동으로 광고 문구와 이미지, 영상 광고를 생성하여 맞춤형 광고를 제작한다. AI 챗봇은 고객의 반응을 실시간으로 분석하여 효과적인 광고 전략을 세울 수 있다. AI 기반 광고 타기팅은 이용자 데이터를 분석하여 최적의 광고를 노출한다. AI는 광고효과를 실시간으로 분석하여 마케팅 전략을 자동 조정한다. 앞으로 AI 광고 생성이 일반화되면 크리에이티브 디렉터의 역할이 AI 활용 중심으로 변할 수도 있다. 이용자 맞춤형 광고를 더욱 정확도 높게 제작하고, AI 기반 가상 인플루언서를 광고 모델로 활용할 수도 있을 것이다.

언론에 대한 AI 영향

아홉 번째는 생성형 AI가 '언론 산업'에 미치는 영향이다. 생성형 AI가 기사 작성과 뉴스 요약, 데이터 분석을 자동화하여 저널리즘의 효율성을 높인다. 딥 러닝 기반 가짜뉴스 감지 기술이 발전하여 신뢰성 있는 뉴스를 제공할 수 있다. AI 챗봇 뉴스 서비스가 이용자 맞춤형 뉴스를 제공한다. 음성이나 영상 뉴스 자동 생성이 활성화될 것으로 보인다. 앞으로 AI 저널리즘이 확대되면 기자는 뉴스 기획과 심층 분석에 집중하는 동시에, 일부 기자는 AI에 대한 보완적 역할을 할 것으로 예상된다. 그러나 잘못된 정보와 악의적인 가짜뉴스, 기자 윤리, 저작권 이슈 등은 언론 산업에 부정적인 영향을 줄 수 있으므로 대응 전략 마련이 요구된다.

AI와 저작권 이슈

열 번째는 AI와 '저작권' 이슈다. 생성형 AI가 웹툰과 스마트폰 콘텐츠, OTT 영상 등을 스스로 제작하면서 저작권 문제는 더욱 복잡해지고 있다. AI가 기존 콘텐츠를 학습해 새로운 작품을 생성할 때, 원작자의 권리를 어느 정도까지 인정해야 하는지에 대한 논란은 이미 시작됐다. AI 기반 번역과 더빙 서비스가 발전하면서, 원작자의 의도와 다르게 콘텐츠가 변형될 가능성이 있다. 이런 경우 원작자의 권리가 침해될 수 있으며, 이에 대한 법적 보호 장치가 필요하다. AI가 생성한 콘텐츠가 기존 창작물을 표절했는지 여부를 판별하는 기술도 발전해야 한다. 생성형 AI의 빠른 발전을 반영한 저작권법 개정이 시급하다. AI가 생성한 콘텐츠의 저작권을 명확히 규정한 법적 기준이 적절하게 마련되지 않을 경우, 창작자의 권리 보호가 어려워질 수 있다. 세계적으로 AI 관련 저작권 규정이 정비되고, 플랫폼 차원의 표절 검출과 권리 보호 시스템이 강화되어야 한다.

01
음악의 AI 비즈니스 모델

음악 산업은 미디어 기술의 영향을 가장 먼저 그리고 가장 많이 받는 콘텐츠 중 하나다. 오디오 중심 콘텐츠는 용량이 가벼워 새로운 기술을 쉽게 적용할 수 있고, 유통이나 서비스도 상대적으로 수월하기 때문이다. 이에 따라 생성형 AI 활용도 활발하다. 2~3년 전부터 이슈가 되고 있는 AI 커버 곡과 버추얼 아이돌에 대해 알아본다. 음악 생성형 AI의 출시와 특징, 서비스 등을 살펴봄으로써, 독자들의 AI 음악 산업에 대한 이해를 돕는다.

AI와 1인 창업?

음악의 생성형 AI 활용 사례

최근 몇 년 동안 첨단기술의 발전은 생성형 AI와 캐릭터 기술을 활용한 음악 제작과 활동을 가능하게 했다. 2023년은 음악 생성형 AI의 발전과 함께 기존 가수의 보컬을 활용한 AI 커버 곡(Cover)이 널리 제작되었고, 버추얼 아이돌의 성공적인 데뷔와 성장이 주목받았다. 2024년에는 버추얼 아이돌의 오프라인 공연, 크라우드 펀딩, 다른 기업과의 공동마케팅 등도 진행되었다.

AI 커버 곡의 대중화

'AI 커버 곡'은 기존에 발표된 음악을 AI 기술을 활용해 새롭게 제작한 곡을 의미한다. 이는 원곡자나 다른 가수가 부른 노래를 AI가 재현하는 방식으로, 기존의 커버를 기술적으로 발전시킨 것이다. 최근에는 특정 가수의 음성 특징을 AI가 학습한 후 다양한 버전의 곡을 만들어 유튜브와 같은 플랫폼에 공유하는 것이 유행하고 있다. 예를 들면, 해외 가수가 국내 가수의 곡을 부르는 버전과 이미 고인이 된 가수가 현대 가수의 히트 곡을 부르는 콘텐츠, 배우의 인기 걸 그룹 노래 커버 등을 생성형 AI가 제작한다. AI 커버 곡은 최신 히트 곡의 새로운 버전을 빠르게 공개할 수 있어 음악 산업에서 주목받고 있다. 그야말로 음악 제작과 유통, 서비스에 새로운 패러다임이 열리고 있다. AI 커버 곡은 생성형 AI 앱을 활용하면 누구나 쉽고 빠르게 음원을 제작할 수 있다. 2022년부터 온라인에서 모습을 드러낸 AI 커버 곡은 2023년 유튜브에서 폭발적인 인기를 끌었다. 조회 수가 수십만에서 수백만 회에 달하는 영상도 다수 나왔다. AI 커버 곡을 포함한 글로벌 생성형 AI 음악 시장은 2022년 2억 2900만 달러(약 3035억 원)에서 2032년에는 26억 6000만 달러(약 3조 5263억 원)로, 10년 동안 10배 이상 큰 폭으로 성장할 것으로 전망된다(한국콘텐츠진흥원, 2024).

버추얼 아이돌의 부상

'버추얼 아이돌'은 사람 연예인이 아닌 디지털 캐릭터로 구성된 아이돌 그룹을 말한다. 이들은 주로 가상현실과 증강현실 기술을 활용해 제작되는데, 실시간 모션 캡처(Real-Time Motion Capture. 배우나 사물의 움직임을 센서를 통해 실시간으로 추적하고 즉각 디지털 캐릭터에 반영하는 기술)와 생성형 AI 기술을 통해 팬들과 활발히 소통하기도 한다. 버추얼 아이돌 방송은 2016년 일본에서 본격적으로 시작됐다. 한국에서는 2020년부터 버추얼 아이돌이 주목받기 시작했다. 이후 다양한 사례가 나오며 기존 사람 아이돌 산업에 새로운 변화가 일고 있다. 2023년에는 버추얼 아이돌 그룹이 두꺼운 팬층을 확보하며 점차 주류 엔터테인먼트 시장으로 확장되고 있다. 유튜브와 트위치(Twitch. 가장 큰 게임 스트리밍 플랫폼. e스포츠 전문가와 콘텐츠 제작자 등이 게임 플레이를 라이브로 방송할 수 있음), SOOP(구, 아프리카TV) 등 다양한 스트리밍 플랫폼을 기반으로 활동해 온 이들이 오프라인 콘서트와 방송 출연 등 다양한 분야로 진출하고 있다. 기존 아이돌 그룹 멤버가 버추얼 아티스트로 전향하거나 연예기획사에서 새로운 버추얼 아이돌 그룹을 기획하는 사례도 늘고 있다.

'이세계아이돌'은 인터넷방송인 '우왁굳'이 기획한 6인조 버추얼 걸 그룹으로, 가상현실과 생성형 AI 기술을 활용해 멤버들은 실시간으로 팬들과 소통한다. 2021년 데뷔 후 실시간으로 비디오를 인터넷으로 방송하는 라이브 스트리밍(Live Streaming)과 다양한 디지털 콘텐츠를 통해 독자적인 팬덤을 형성, 멜론의 명예의 전당에 최초로 4회 이름을 올렸다. 2023년 발매한 디지털 싱글 〈키딩(KIDDING)〉은 빌보드 코리아 차트 3위에 오르며 버추얼 아이돌의 상업적 가능성을 보여줬다. 이들의 IP를 기반으로 제작된 웹툰 〈마법소녀 이세계아이돌〉은 크라우드 펀딩 기업 텀블벅에서 41억 원을 유치해 국내 최대 후원금을 기록했다. 오리지널 사운드 트랙(OST, Original Sound Track. 영화와 드라마, 애니메이션, 게임 등에서 사용된 공식 음악 모음집) 〈록다운(LOCKDOWN)〉은 발매 하루 만에 100만 스트리밍을 보였다.

2023년 1월 데뷔한 '메이브'는 카카오의 종합 콘텐츠 자회사 카카오엔터테인먼트와 넷마블에프앤씨의 자회사 메타버스엔터테인먼트의 협업으로 탄생한 4인조 버추얼 걸 그룹이다. 최첨단 3D 기술과 실시간 엔진을 활용해 현실감 넘치는 무대를 선보이며, 데뷔 직후부터 1800만 뮤직비디오 조회 수와 300만 생방송 무대 조회수를 기록하며 성공적으로 출발했다. 글로벌 K팝 팬들을 주요 목표로 삼아 다국어 능력과 뛰어난 음악적 역량을 기반으로 해외시장 공략에 주력하고 있다.

2023년 3월, MBC에서 분사한 블래스트가 제작한 5인조 버추얼 보이 그룹 플레이브는 성장형 아이돌의 스토리라인을 강조하며 팬들과의 실시간 소통을 중심으로 활동하고 있다. 음악뿐만 아니라 공식 팬카페와 실시간 방송을 통해 팬들과 적극적으로 교류하고, 작사·작곡을 직접 하는 자체 제작 아이돌이라는 점을 강조한다. 데뷔 한 달 만에 서울 올림픽홀에서 열린 이들의 콘서트는 입장권이 10분 만에 모두 팔렸고, 케이콘엘에이 2023(KCON LA 2023)에 버추얼 아이돌 최초로 초청을 받았다. 멜론에서는 발매 24시간 만에 100만 회 이상 조회 수를 기록하며 명예의 전당에 올랐다. 2024년 1월 서울가요대상에서는 신인상과 뉴웨이브 스타상을 수상했다(한국콘텐츠진흥원, 2024).

음악 생성형 AI 앱

구글의 '음악엘엠'(MusicLM, 음악 생성형 AI 모델로, 텍스트 설명을 기반으로 고품질의 음악을 만들 수 있음)은 28만 시간 분량의 방대한 음악 데이터세트를 확보하고 있다. '음악엘엠'은 이를 기반으로 이용자가 입력한 텍스트를 음악으로 변환하고 테마 음악을 제작하고, 사람의 음성을 삽입하여 결과물을 검토할 수 있는 생성형 AI 모델이다. 여러 가지 오디오 모델링을 통해 고품질의 음원을 쉽고 빠르게 생성하는 것이 특징이다. 2023년 6월에는 미국 메타가 '오디오크래프트(AudioCraft)'를 선보였다. 이 모델은 음악 생성에 특화된 '뮤직젠(MusicGen)'과 배경음 제작을 위한 '오디오젠(AudioGen)', 자체 개발한 코덱 '인코덱(Encodec)'을 통합한 형태다. 메타는 1만여 곡의 데이터를 활용해 2만 시간의 음악 연주 데이터를 AI에게 학습시켜 다양한 음악 장르의 표현이 가능하도록 했다.

영국 스태빌리티 AI(Stability AI)에서 개발한 '스테이블 오디오(Stable Audio)'는 12억여 개의 매개변수를 기반으로, 이미지 생성형 AI '스테이블 디퓨전(Stable Diffusion)'의 확산 모델을 음악 생성에 적용했다. 9억 700만 개의 매개변수를 보유한 유넷(U-Net) 기반 잠재 확산 모델을 통해 1만 9,500여 시간의 오디오와 80만여 개의 파일을 학습하여 음악을 빨리 제작한다. 44.1KHz CD 품질의 고음질 음원이다.

이외에도 '뮤직파이(Musicfy)', '부미(Boomy)', '사운드로우(Soundraw)', '앤트로픽(Antropic)' 등 다양한 음악 생성형 AI가 있다. 그중에서 가장 주목받는 것은 2023년 12월에 출시된 '수노(Suno.AI)'다. '수노'의 특징은 프롬프트 입력을 통해 실제 사람 목소리와 유사한 보컬 트랙을 선명하게 생성한다는 것이다. AI 커버 곡을 넘어 완전히 새로운 보컬을 활용한 창작곡 제작이 가능하다는 점에서 차별성을 갖는다. '수노'는 출시 전에 영상과 음성, 문자 채팅이 가능한 커뮤니티 기반 메신저 플랫폼인 '디스코드(Discord)'에 먼저 서비스를 제공하여 이용자들과 실시간 피드백을 통해 기술을 발전시킨 것으로 알려졌다. 또한, 마이크로소프트가 2023년 오픈AI(OpenAI. AI 연구와 개발을 통해 인류 전체에 이익을 주는 것을 목표로 하는 미국의 AI 연구소)와의 협력을 통해 자사 검색엔진 '빙(Bing)'에 '코파일럿'(Copilot. 마이크로소프트와 오픈AI가 같이 개발한 AI 기반의 코드 작성과 문서 작업 지원 앱)을 탑재하면서 '수노'도 기본적으로 연동됐다. 하루 5곡까지 무료 작곡을 제공하며 많은 이용자의 관심을 끌고 있다.

한국의 생성형 AI 앱으로는 '믹스오디오(Mix. Audio)', '미드낫(MIDNATT)', '버시스(Verses, Inc.)' 등이 있다. '믹스오디오'는 프롬프트 입력과 이미지 · 링크 삽입, 음원 파일을 통해 음악을 생성하는 인공지능으로, 세계 최초의 멀티 모달 방식 음악 생성형 AI다. 이 앱은 K팝 프로듀서와 독립 음악가(Indie Musician)의 자문을 받으며 힙합 아티스트들과 협력해 오리지널 음원을 제작했다. 베타 서비스 출시 후 4만여 곡을 만들었다. '미드낫'은 하이브가 2023년에 생성형 AI 기업 수퍼톤을 인수하고 선보인 앱으로, 하이브 소속 가수 이현의 새 프로젝트로 주목받았다. 이 앱은 수퍼톤의 인공지능 오디오 기술을 활용해, 이현의 타이틀 곡 〈마스커레이드(Masquerade)〉를 발표했고, 여러 외국어의 발음과 음색을 고려한 음성

교정을 거쳐 다국적 음성을 제공했다. 하이브의 팬 플랫폼 '위버스(Weverse)'는 구글 클라우드 아카데미가 선정한 2023년의 이용자 주도 음악 경험 서비스다. 2022년에 가수이자 프로듀서인 수민과 함께 인터랙티브 싱글 〈파이트맨(Fightman)〉을 발표할 때, 프로듀서이자 DJ로 활동하는 히치하이커의 메타버스 음악 세계를 실현한 앱 '히치하이커의 메타버스 뮤직'을 같이 선보였다. 이 앱은 이용자들에게 가상공간에서 가수의 세계관을 탐험하면서 아이템을 획득하게 하는데, 이를 바탕으로 이용자 맞춤형 노래를 제공한다. 2023년 11월에는 SM엔터테인먼트 소속의 4인조 다국적 걸 그룹 에스파(aespa)의 〈드라마(Drama)〉를 입체적으로 해체하여 제공하는 메타버스 음악 환경을 선보였다(한국콘텐츠진흥원, 2024).

참고문헌

한국콘텐츠진흥원(2024.9). 『2024 음악 산업백서』.

02

게임의 AI 비즈니스 모델

게임은 생성형 AI 기술을 활발하게 적용하고 있다. 게임 개발사들은 이미 오래전부터 AI를 게임 기획과 제작, 마케팅에 적용하기 위한 연구 개발을 진행해 왔다. 수년 전부터는 국내외 다수 기업이 생성형 AI를 적용한 게임을 출시하고 있다. 특히 비플레이어 캐릭터 기술은 이용자를 게임에 초집중하게 하는데, 산업의 게임 체인저로까지 평가받고 있다.

AI와 MBTI?

게임의 생성형 AI 비즈니스

게임 산업은 게임 기획과 제작, 마케팅을 위해 AI를 적극적으로 활용하고 있다. 게임개발사들은 생성형 AI 기반 시뮬레이션을 통해 아이디어의 타당성을 검증하고, 캐릭터와 세계관, 배경 설정 등 핵심 요소를 기획하고 있다. 개발 과정에서는 AI를 활용해 캐릭터(Character)와 오브젝트(Object) 간의 상호작용을 구현하고, 모션 합성과 변환, 얼굴 표정, 배경, 음악, 비플레이어 캐릭터 대사 등을 자동 생성한다. 게임 출시 전후로는 생성형 AI를 통해 오류를 감지하고 수정하는 등 품질을 향상한다. 여기서 캐릭터는 게임 참여자인 플레이어가 조작하거나 상호작용할 수 있는 것을 말한다. 게임 캐릭터는 플레이어블 캐릭터와 비플레이어블 캐릭터로 나뉜다. 플레이어블 캐릭터(Playable Character, PC)는 게임에서 플레이어가 직접 조종할 수 있는 캐릭터다. 비플레이어블 캐릭터(Non-Playable Character, NPC)는 플레이어가 조종할 수 없고, 게임 내에서 AI나 스크립트에 의해 움직이는 캐릭터다. 캐릭터는 여러 장르에서 개성을 가진 디자인과 설정을 통해 게임의 몰입감을 높이는 중요한 요소다. 오브젝트는 플레이어와 상호작용하거나 게임 환경을 구성하는 모든 요소를 말한다. 아이템(Item), 배경(Environment), 물리적 객체(Physical Object) 등 다양한 형태로 존재한다. 역시 게임의 몰입감과 상호작용성을 높이는 중요한 요소다(서유덕, 2024).

게임의 생성형 AI 활용 사례

최근 생성형 AI와 대규모 언어 모델(Large-scale Language Model, LLM. 사람이 사용하는 언어를 이해하고 생성하기 위해 방대한 양의 텍스트 데이터를 교육받은 AI 시스템)의 발전에 따라 게임 산업도 AI를 중요한 창작 도구로 활용하고 있다. 이러한 변화는 기존의 제작 방식에 혁신을 가져오고 있다. 게임 개발의 경우 기획과 프로그래밍, 아트 제작 등 여러 전문 분야가 협업하는 데 상당한 시간과 비용이 요구된다. 그러나 생성형 AI를 활용하면 게임을 효율적으로 제작할 수 있다. 예를 들면, 미국 마이크로소프트는 멀티 플랫폼 AI 도구 세트인 'AI 디자인 코파일럿(AI Design Copilot)'과 'AI 캐릭터 런타임 엔진(AI Character Runtime Engine)'을 개발했다. 'AI 디자인 코파일럿'은 간단한 명령어 입력만으로 게임의 세계관과 캐릭터 스토리를 자동 생성해 준다. '런타임 엔진'은 컴퓨터 프로그램이 실행되는 동안 필요한 기능과 서비스를 제공한다. 제작된 콘텐츠를 실제 게임에 반영하여 개발의 효율성을 높인다. 엔씨소프트는 자체 개발한 '바르코(Varco)' 언어 모델을 게임 개발에 적용하고 있다. 바르코는 문서 요약과 정보 추출, 질의응답 등의 기능을 제공할 뿐만 아니라, 게임 캐릭터의 대사 생성(바르코 텍스트)과 2D · 3D 이미지 제작(바르코 아트), 실제 사람과 유사한 캐릭터 구현(바르코 휴먼), 음성 · 배경음악 제작(바르코 오디오) 등 다양한 서비스를 한다.

그래픽 처리 장치와 AI 컴퓨팅 분야에서 세계적인 기업 엔비디아(NVIDIA)는 아바타 클라우드 엔진(Avatar Cloud Engine), 니모(NeMo), RTX(Ray Tracing Texel eXtreme) 같은 AI 기술을 통해 쌍방향 소통이 가능한 가상 인간(Digital Human) 제작을 지원한다. 이 기술은 게임과 의료, 금융 등 다양한 산업에 적용할 수 있는데, 이용자 경험과 참여도 향상에서 중요한 역할을 한다. AI를 활용한 스토리 작성과 이미지를 생성하는 온라인 플랫폼인 노벨AI(NovelAI)는 텍스트 입력을 기반으로 원하는 스타일과 주제, 소재를 반영한 이미지를 만드는 기술을 제공한다. 이용자는 간단한 명령을 통해 몇 초 만에 여러 개의 이미지를 만들어 낼 수 있다. 누구나 쉽게 고품질의 콘텐츠를 제작할 수 있도록 지원하여 창작의 진입 장벽을 크게 낮췄다는 평가다.

'챗지피티'(오픈AI가 개발한 대화형 AI 챗봇으로, GPT: Generative Pre-trained Transformer 모델을 기반으로 작동)의 등장은 AI 기반 비플레이어 캐릭터의 발전을 가속했다. 캐릭터들은 단순한 배경 요소를 넘어 플레이어의 전략을 분석하고 행동을 조정하는 등 보다 정교한 상호작용을 가능하게 한다. 플레이어의 감정을 파악해 적절하게 반응함으로써 몰입도를 크게 높인다. 예를 들면, 스탠포드대와 구글이 공동 개발한 '챗지피티' 기반 비플레이어 캐릭터는 가상공간에서 자율적으로 행동하고, 서로 대화로 정보를 공유한다. 실제 사회와 유사한 상호작용을 성공적으로 구현했다는 후문이다.

중국의 대표적인 인터넷기업 넷이즈(NetEase)의 MMORPG(Massively Multiplayer Online Role-Playing Game) 〈역수한 모바일〉은 '챗지피티'를 적용한 최초의 상용화 게임이다. 이 게임은 플레이어의 행동을 실시간으로 분석한 후 적절한 반응을 제공하는 등 보다 몰입감 있는 게임 환경을 조성했다는 평가다. 여기서 MMORPG는 수천 명에서 수백만 명의 플레이어가 온라인에 같이 접속한 후 게임을 벌이는 것을 말한다. 참여자들은 가상 세계에서 캐릭터를 육성하고 요청을 수행하는데, 다른 플레이어들과는 협력 혹은 경쟁한다.

한국 게임사들도 AI 비플레이어 캐릭터 연구 개발에 적극적이다. 엔씨소프트, 크래프톤, 스마일게이트 등 주요 기업들은 AI 센터를 설립하고 대화형 AI와 비플레이어 캐릭터 기술을 개발하고 있다. 크래프톤의 '스페셜프로젝트2' 팀에서는 〈위시토크〉와 〈푼다〉 같은 AI 기반 게임을 개발했다. 〈푼다〉는 플레이어의 실력을 분석해 맞춤형 퍼즐을 자동 생성하는 게임이고, 〈위시토크〉는 플레이어가 동물 캐릭터와 상호작용하며 섬을 탐험할 수 있는 소셜 시뮬레이션 게임으로, AI가 플레이어의 질문에 적절한 답변을 제공한다(한종호, 2024).

향후 전망

AI, 게임 제작 혁신, 비용 절감 & 창의성 향상

첫 번째, 알고리즘을 사용해 콘텐츠를 자동으로 생성하는 '절차적 콘텐츠 생성(Procedural Content Generation)'이 활발해질 전망이다. 생성형 AI가 이용자의 개입 없이 게임의 환경과 레벨, 캐릭터 등을 생성할 수 있다. 〈마인크래프트(Minecraft)〉와 〈노 맨즈 스카이(No Man's Sky)〉 같은 게임은 이미 절차적 생성을 사용하지만, 향후 AI는 더욱 복잡하고 상호작용하는 세계를 실시간으로 만들 것으로 전망된다. 예를 들면, 플레이어 행동에 따라 변화하는 AI 기반 무한 오픈 월드 게임 등을 상상해 볼 수 있다. 두 번째, '비플레이어 캐릭터' 상호작용 강화이다. 현재 비플레이어 캐릭터는 미리 작성된 스크립트를 따르지만, 미래의 AI는 독특하고 역동적인 대화를 상상해볼 수 있겠다. 비플레이어 캐릭터가 과거 상호작용을 기억하고 행동을 조정하는 롤플레잉 게임(Role-Playing Game)을 들 수 있겠다. 세 번째, 생성형 AI 활용 게임 개발이다. '코파일럿'과 '스테이블 디퓨전'은 이미 콘텐츠 개발자를 지원하고 있는데, 머지않아 AI가 전체 게임을 제작할 수 있을 것으로 예상된다(ChatGPT4o 생성 후 일부 반영).

AI, 이용자 중심 창의성 제고

첫 번째, AI를 기반으로 이용자가 게임 환경을 직접 제작할 수 있을 것으로 보인다. 생성형 AI를 통해 이용자는 코딩 없이 맞춤형 스킨과 레벨, 전체 게임 모드까지 만들 수 있을 것이다. '로블록스(Roblox)'와 '포트나이트 크리에이티브(Fortnite Creative)' 같은 플랫폼은 AI 기반 이용자 플랫폼으로 확장할 것으로 전망된다. 두 앱은 이용자가 직접 게임을 제작하고 플레이할 수 있는 플랫폼이지만, 기술적 기반과 수익 모델, 제작 방식이 다소 다르다. 예를 들면, 이용자 생성 게임이라는 점과 멀티 플레이어 경험, 코딩 불필요, 라이브 서비스라는 점은 기능이 같다. 그러나 플랫폼 포커스 게임 제작에서 '로블록스'는 전쟁 중심인 반면, '포트나이트'는 장르를 제한하지 않는다. 이용자 정의에서 '로블록스'는 이용자가 원하는 게임을 대부분 만들 수 있지만, '포트나이트'에서는 자사가 제공하는 것만 이용자가 제작할 수 있다. 두 번째, 이용자 맞춤형 스토리텔링 활성화이다. AI는 플레이어가 게임에 참여하는 방식을 기반으로 요구와 캐릭터 아크, 대화를 다시 작성할 수 있을 것이다. AI의 선택에 따라 스토리라인을 동적으로 조정하는 내러티브 중심 게임을 예로 들 수 있겠다.

AI 기반 수익 창출과 비즈니스 모델

우선 AI가 생성한 게임 내 경제다. AI는 이용자의 수요에 따라 가격과 보상을 조정하여 역동적인 가상 경제를 창출할 수 있을 것이다. 예를 들면, 수요와 공급에 따라 가격이 변하는 AI 기반 경매장이 나올 수 있다. 경매인이 경매를 진행하는 것이 아니라 생성형 AI가 진행하는 것이다. 맞춤형 광고와 AI 기반 추천도 가능할 전망이다. AI가 게임 플레이어의 행동을 분석하여 게임과 다운로드 가능한 콘텐츠와 아이템을 이용자별로 추천하는 것이다. 마지막으로 구독과 AI 기반 게임 스트리밍이다. AI는 게임 트렌드를 예측하고, 맞춤형 게임 라이브러리를 이용자에게 추천할 수 있을 것이다. 게임을 동적으로 – 즉, 이용자의 행동과 취향, 실시간 데이터 등에 따라 변화하는 방식으로 게임을 제안하는 것 – 넷플릭스 스타일의 게임 스트리밍 서비스가 더욱 향상될 것으로 전망된다.

참고문헌

서유덕(2024.8). AI 품는 드라마 · 게임 · 웹툰, K-콘텐츠 '파워업. ≪정보통신신문≫, https://www.koit.co.kr/news/articleView.html?idxno=124681

한국콘텐츠진흥원(2024.10). 『2024 캐릭터산업백서』.

한종호(2024.9). AI가 게임 그래픽-음향 제작, 개발자는 콘텐츠 집중. ≪동아일보≫, https://www.donga.com/news/Economy/article/all/20240901/126792690/2

황순민 · 고민서(2024.10). 진짜 사람 같은 녀석이 왔다. 게임체인저된 생성형AI. ≪매일경제≫, https://www.mk.co.kr/news/it/11133697

03
영상의 AI 비즈니스 모델

방송과 영화, 온라인 등 동영상 분야의 생성형 AI 활용에 대해 알아본다. 방송은 MBC에서 AI PD로 예능 프로그램을 진행한 것과 KBS에서 가수와 AI 노래를 구분한 프로그램을 살펴본다. 영화는 많은 영화제에서 수상한 CJ ENM의 AI 영화 〈M호텔〉의 제작 과정을 분석한다.
이외에도 '소라'를 비롯한 동영상 생성형 AI 앱들의 특징과 강점을 소개하여 독자들의 이해를 돕고자 한다.

AI와 난임 극복?

영상의 생성형 AI 활용 사례

생성형 AI는 방송과 영화, OTT(Over-The-Top. 인터넷을 통해 각종 영상 콘텐츠를 제공하는 플랫폼), 숏폼(Short-Form. 15초~3분 이내의 짧은 영상) 등의 동영상 콘텐츠 기획과 제작, 유통에도 많은 영향을 미치고 있다. 2024년에는 지상파방송이 생성형 AI로 예능 프로그램을 제작하고, CJ ENM이 AI로 영화를 만들어 호평을 받았다. 2025년 이후에는 본격적으로 여러 장르의 생성형 AI 콘텐츠가 나올 것으로 전망된다.

MBC 〈PD가 사라졌다〉

MBC는 2024년 2월 한국 방송사 최초로 생성형 AI가 프로듀서를 맡은 프로그램 〈PD가 사라졌다〉를 방영했다. 이 프로그램은 AI가 PD가 되어 출연자와 게임을 설계하고 프로그램 진행까지 하는 독특한 콘셉트였다. 긍정적인 측면과 아쉬운 부분으로 나눠서 설명하고자 한다. 우선 긍정적인 면이다. 첫 번째로, 독창적인 콘텐츠 생성이다. AI PD는 사람이 상상하기 어려운 독특한 임무와 게임을 생성하여 프로그램의 참신함과 다양성을 높였다. 예를 들면, AI PD는 출연자들로부터 게임 아이디어를 접수한 후 자신이 이를 조합하여 새로운 게임을 즉석에서 만들어 냈다. '음악과 칭찬의 페스티벌' 게임도 그중 하나다. 참가자들이 자신이 선택한 음악에 맞춰 프리스타일 랩을 하면서 상대방을 칭찬해야 하는 게임이다. 그야말로 사람이 기획하기 어려운 특이한 게임이었다. 두 번째로, AI PD와 출연자 간 실시간 소통과 반영이다. AI PD는 출연자들의 요청과 제안을 실시간으로 수용하고, 이에 따라 새로운 임무를 생성하거나 편집 방향을 조정했다. 이를 통해 출연자와의 상호작용을 강화하고, 프로그램의 유연성을 높였다. 세 번째로, 효율적인 편집이다. AI PD는 약 2시간의 촬영 분량을 8분 만에 편집하여 하이라이트 영상을 제작했다. 전통적인 방식의 편집 시간을 대폭 줄인 것으로, 제작 효율성을 크게 향상시켰다. 네 번째로, 인력 절감이다. AI 카메라 활용으로 촬영 인력을 기존 대비 절반으로 줄일 수 있었다(남지은, 2024).

다음은 아쉬운 부분이다. 우선 방송 내용이다. 〈PD가 사라졌다〉에는 '자기소개 피구 줄다리기'라는, 자기소개와 피구와 줄다리기를 결합한 독특한 구성이 있었다. 기존 예능에서 볼 수 없었던 참신한 조합이지만, 동시에 시청자와 출연자 모두에게 혼란을 주었다. 출연자들은 특이한 게임 규칙에 적응하기 어려워했는데, 자신들이 왜 이러한 게임을 해야 하는지에 대해 명확한 설명을 듣지 못한 채 프로그램을 진행해야 했다. 갑작스럽고 예상치 못한 게임 구성에 당황한 출연자들은 AI PD의 지시에 따라 움직일 수밖에 없었다. 또한, AI가 출연자의 방송 분량을 어떻게 배분하는지, 출연료를 어떤 기준으로 책정하는지에 대한 기준이 명확하지 않아 출연자들 사이에서 논란이 발생했다. 시청자 역시 AI가 만들어 낸 콘텐츠의 의도를 이해하기 어려워하며 프로그램의 재미 요소를 충분히 느끼지 못했다는 평가다.

프로그램 제작진은 이러한 의견을 수용하면서도, AI PD의 가능성에 대해 긍정적으로 전망했다. 담당 PD는 "시청자들의 반응을 충분히 반영하며 프로그램을 계속 발전시킬 수 있었다면, AI는 더욱 진화해 인간보다 더 창의적이고 정교한 콘텐츠를 제작할 수 있을 것"이라고 밝혔다. 결국 〈PD가 사라졌다〉는 AI의 방송 연출 도입이라는 혁신적인 시도를 통해 프로그램 제작의 새로운 패러다임을 제시했지만, 인간의 감성과 직관을 완벽히 대체하기에는 일부 부족한 점이 있다는 것도 드러났다고 하겠다(한상호, 2024).

KBS 〈싱크로유〉

KBS가 2024년 제작한 〈싱크로유〉는 실제 가수 노래와 생성형 AI가 모방한 노래를 구별하는 것이었다. 프로그램의 콘셉트는 '99% 싱크로율 AI 가수' 속에서 진짜 가수 1%를 찾아내는 것이다. 다수의 연예인 MC가 참여하고 방청객과 함께 진행하는 방식은 여느 음악 예능 프로그램과 유사하지만, AI와 실제 가수를 구별하는 것이 다르다. 전체 3라운드 중 1라운드에서는 출연자들이 1분씩 커버 곡을 부르고, 추리단은 그중 진짜 가수를 찾아내야 한다. AI와 실제 가수를 구별하는 일은 어려웠다. 예를 들면 백지영의 노래는 특유의 애절함이, 인순이의 고음은 진짜처럼 들려 추리단은 누구를 진짜 가수로 고를지 난감해했다. 2라운드에서는 30초 안에 진짜 가수를 찾아야 하는데 추리단은 또 실패했다. 3라운드에서는 AI와 진짜 가수가 듀엣을 부르는 방식으로, 로이킴과 린, 이승기와 정용화가 함께 노래를 부르며 AI와 실제 가수를 구별해야 했다. 추리단은 일부 가수를 진짜라고 판별했지만, 마지막 결과에서는 전혀 예상치 못한 답을 얻게 되었다(한상호, 2024).

CJ ENM AI 영화 〈M호텔〉

〈M호텔〉은 평생 불행을 한탄하며 살아온 노숙자가 신비로운 호텔의 열쇠를 우연히 손에 넣게 되면서 펼쳐지는 미스터리한 이야기를 그린 작품이다. 6분 31초라는 짧은 시간 동안 인생에 대한 깊은 통찰을 예리하게 담아내며 관객을 사로잡았다. 기존 AI 영상의 특성인 초현실적인 비주얼을 벗어나, 현실감 넘치는 배경과 캐릭터들의 감정선을 세밀하게 풀어냈다는 평가다. 영화의 모든 장면은 생성형 AI와 최신 기술을 통해 구현되었는데, 이미지와 영상, 사운드 등이 통합적으로 제작되었다. 〈M 호텔〉은 AI 기술의 빠른 발전을 반영해 콘텐츠 제작에 AI 적용 가능성을 검토하고 이를 최적화하는 작업의 일환으로 만들어졌다. 영화의 스토리 개발에서부터 제작까지 AI 관련 연구 개발을 담당한 네 명의 전문가들이 한 달 만에 완성했다. 감정 표현과 세밀한 움직임을 구현하기 위해 사용된 AI 솔루션만 10개 이상이었고, 그 과정에서 독자적인 최적화 작업도 이루어졌다. CJ ENM은 AI 기술을 활용하여 콘텐츠의 품질을 제고하고 제작과 운영의 효율성을 향상하여 콘텐츠 사업을 더욱 고도화할 계획이다(권혜미, 2024).

AI 덕에 사후에도 활동하는 제임스 딘

미국 영화배우 제임스 딘(James Dean)은 1930년대 영화 〈에덴의 동쪽〉 등에서 반항적이고 고독한 청춘의 아이콘으로 자리매김했지만, 24세의 젊은 나이에 교통사고로 생을 마감했다. 그러나 생성형 AI 기술의 발전으로 죽은 뒤에도 새로운 콘텐츠로 활동할 수 있게 됐다. 2024년 9월 제임스 딘의 유족들은 1939년 영화 〈오즈의 마법사(The Wonderful Wizard of Oz)〉에서 도로시 게일(Dorothy Gale) 역을 맡았던 주디 갈랜드(Judy Garland)와 고전 연극과 윌리엄 셰익스피어(William Shakespeare) 작품의 대가로 꼽히는 로렌스 올리비에(Laurence Olivier)의 유족과 함께 AI 음성 복제 기술을 제공하는 스타트업 일레븐랩스(ElevenLabs)와 계약을 체결하고 '아이코닉 보이스(Iconic Voice)' 프로젝트에 참여했다. '아이코닉 보이스' 프로젝트는 첨단 음성합성 기술을 이용해 유명인의 목소리를 정교하게 재현하거나 특정한 음성 스타일을 제공하는 서비스다. 독창적인 음성 패턴을 분석해 실제 인물과 유사한 목소리를 구현하는 것이 특징이다. 제임스 딘을 비롯한 고인들의 목소리가 '일레븐랩스'의 책과 기사, 텍스트 등 낭독에 활용된다. 주디 갈랜드가 읽는 『오즈의 마법사』를 들을 날도 머지않았다(이소현, 2024).

동영상 생성형 AI 앱

오픈AI는 텍스트 입력만으로 고해상도 비디오를 생성할 수 있는 AI 시스템 '소라(Sora)'를 2024년 12월에 공개했다. 이용자가 제공한 텍스트 프롬프트를 기반으로 사실적인 영상과 이미지, 음향을 포함한 비디오를 만들어 준다. 비디오 생성에는 크레딧(Credit. 비디오 생성 기능을 사용할 수 있는 가상의 포인트)이 사용된다. 한 달에 20달러를 내는 '챗지피티플러스(ChatGPT Plus)' 이용자에게는 1천 크레딧(최대 50개 영상)이 제공되는데, 해상도 720픽셀의 5초 영상을 생성할 수 있다. 매월 200달러를 지불하는 '챗지피티프로(ChatGPT Pro)' 이용자에게는 1만 크레딧(최대 500개 영상)이 제공되는데, 해상도 1,080픽셀의 20초 영상을 다섯 번 연속 생성할 수 있고, 워터마크 없이 영상을 사용할 수 있다. 예를 들어 '갈색 머리에 둥근 빨간색 안경을 쓴, 짙은 빨간색 립스틱을 바른 한 여성의 얼굴을 클로즈업한다. 그녀의 머리카락은 바람에 흔들리고 있으며, 바다와 지평선을 바라보는 모습이 따뜻한 분위기를 연출한다'는 내용을 프롬프트에 입력하면 약 5초의 영상이 만들어진다.

'소라' 외에도 구글, 메타 등 다른 대형 테크 기업들은 다양한 특성을 가진 비디오 생성 AI를 선보이고 있다. 이러한 생성형 AI 앱들은 이용자가 입력한 텍스트를 바탕으로 스크립트를 비디오로 변환하고, 아바타 기반의 콘텐츠를 만들고, 긴 영상을 짧은 클립으로 요약하는 등 여러 기능을 제공한다. 이들 서비스는 창의적인 스토리텔링과 미디어 교육, 콘텐츠 마케팅 등 다양한 목적에 맞춰 이용자가 선택할 수 있다. '런웨이 젠-2(Runway Gen-2)'는 일반 이용자들이 쉽게 사용할 수 있는 웹과 모바일 기반의 비디오 AI 모델이다. 구글e의 '루미에르(Lumiere)'는 '파이토치(PyTorch)' 이용자를 위한 고급 비디오 생성 기능을 제공하고, '메이크어비디오(Make-a-Video)'는 크리에이터와 연구자를 대상으로 텍스트에서 고품질 비디오를 생성하는 모델이다. '픽토리(Pictory)'는 콘텐츠 마케터와 교육자가 흥미로운 내러티브를 위한 비디오를 제작할 수 있도록 도와주며, '캡윙(Kapwing)'은 소셜미디어 마케터와 크리에이터가 텍스트를 활용해 비디오를 제작하는 데 유용한 도구다. '신서시아(Synthesia)'는 교육자와 마케팅 담당자 등이 AI 아바타를 기반으로 한 비디오 프리젠테이션을 만들 수 있도록 돕는다. '헤이젠(HeyGen)'은 교육과 마케팅을 위한 비디오 생성에 초점을 맞춘다. '스티브AI(Steve AI)'는 비즈니스와 개인 이용자들이 다양한 애플리케이션을 위한 비디오와 애니메이션을 제작하는 데 적합한 모델이다. '이레이(Elai)'는 이러닝과 기업 교육 콘텐츠를 비디오로 변환하는 기능을 제공하는 웹 기반 플랫폼이다(이현우, 2024).

참고문헌

권혜미(2024.12). CJ ENM AI 제작 영화 'M호텔', 국내외 영화제 쾌거… AI 영상 콘텐츠 제작 활용 입증. ≪전자신문≫, https://www.etnews.com/20241209000366

남지은(2024.2). AI의 통제, 인간은 어떻게 따를까… 피디가 사라졌다! 라는 미래실험. ≪한겨레≫, https://www.hani.co.kr/arti/culture/culture_general/1130226.html?utm_source=chatgpt.com

이소현(2024.9). AI 덕에 죽어서도 돈 버는 제임스 딘. ≪이데일리≫. https://www.edaily.co.kr/News/Read?newsId=03142246639021760&mediaCodeNo=257&OutLnkChk=Y

이현우(2024.4). 텍스트 프롬프트에서 뉴스 영상까지. ≪KPF 미디어브리프≫, 2024년 3호, 1-6쪽.

한상호(2024.12). AI시대, 방송은 어떻게 진화하는가? ≪방송문화≫, 2024 겨울호, 91-102쪽.

04
스마트폰 · OTT의 AI 비즈니스 모델

스마트폰과 OTT의 생성형 AI 비즈니스 모델을 살펴본다. 스마트폰에서는 최근 주목받고 있는 온디바이스 AI 기능을 둘러싼 삼성과 애플의 경쟁을 분석한다. OTT에서는 유튜브가 구글 딥마인드의 최첨단 영상 생성형 앱의 자사 사이트 공유 계획을 알아보고, 이용자와 OTT산업에 미칠 영향을 논한다.

AI와 사주?

온디바이스 AI

'온디바이스 AI'(On-Device AI. 클라우드 서버가 아닌 단말기에서 직접 AI 연산을 수행하는 기술)는 데이터를 클라우드 서버로 전송하지 않고, AI 처리와 분석을 이용자 기기 내에서 직접 수행하는 기술이다. 하나의 스마트폰만으로 생성형 AI 기능을 이용할 수 있는 것이다. 스마트폰의 기능이 크게 향상될 뿐만 아니라 이용자에게도 스마트폰 활용에 중요한 진보가 될 것으로 보인다. 여기서 클라우드 서버(Cloud Server)는 인터넷을 통해 제공되는 가상 서버로, 물리적인 서버를 소유하지 않고도 컴퓨팅 리소스를 사용할 수 있는 서비스다. 단말기는 스마트폰과 태블릿, PC, IoT 기기 등을 뜻한다.

온디바이스 AI의 기능

우선 온디바이스 AI는 개인정보 보호를 강화한다. 데이터가 이용자의 단말기 내에서 처리되므로 개인정보 유출 위험이 낮다. 음성이나 얼굴 인식 데이터를 클라우드로 전송하지 않고 이용자의 단말기에서 분석하므로 개인정보를 보호할 수 있다. 두 번째로, 온디바이스 AI는 응답 속도를 높인다. 데이터를 서버로 전송하고 응답을 기다리는 시간이 필요하지 않기 때문에 실시간 처리 속도가 빠르다. 다양한 응용 프로그램이 더 원활하고 즉시 반응할 수 있다. 세 번째로, 온디바이스 AI는 인터넷을 연결하지 않은 오프라인에서도 이용할 수 있다. 오프라인 상태에서도 스마트폰의 사진 분석과 음성 인식, 번역 기능 등을 동작할 수 있다. 네 번째로, 배터리의 효율성이다. 클라우드와의 빈번한 데이터 통신을 줄여 배터리 소모를 최소화할 수 있다. 장시간 사용할 수 있는 장점이 있다. 다섯 번째로, 맞춤형 경험을 제공한다. 온디바이스 AI는 이용자의 데이터를 로컬에서 처리함으로써 보다 개인화된 서비스를 제공할 수 있다. 이용자의 패턴을 학습해 맞춤형 콘텐츠 추천이나 자동화된 작업을 처리할 수 있다(챗지피티4o 생성 후 일부 반영).

삼성과 애플의 온디바이스 AI 경쟁

생성형 AI는 스마트폰에도 빠르게 통합되어 이용자의 일상을 바꾸고 있다. 생성형 AI는 이용자가 입력한 간단한 문장에서 이메일과 보고서, 소셜 미디어 콘텐츠를 자동으로 작성하거나, 음성명령을 통해 복잡한 작업을 수행할 수 있도록 돕는다. 카메라 앱에서는 생성형 AI를 활용하여 배경 수정과 이미지 개선, 가상 배경 추가 같은 실시간 편집 기능을 제공해 콘텐츠 제작의 효율성을 높인다.

삼성, 온디바이스 AI 스마트폰 구현

삼성전자는 2025년 2월 한층 진화한 AI 기술을 탑재한 갤럭시 S25 시리즈를 공개했다. S25 시리즈는 일상적인 대화로 이루어진 여러 지시를 동시에 이해하고 실행할 수 있는 수준이다.

고도화된 자연어 이해와 통합 AI 플랫폼

갤럭시 S25 시리즈는 'One UI 7' 기반의 통합형 AI 플랫폼을 통해 자연스럽고 직관적인 이용자 경험을 제공한다. 과거 AI가 단일 명령 중심으로 동작했지만, S25는 일상 대화에서 비서에게 지시하듯 요청해도 이를 실행한다. 예를 들어, "다음 주 성균관대 야구팀 경기 일정을 확인해서 달력에 추가해 줘"라고 말하면, 검색부터 일정 저장까지 AI가 알아서 처리한다. 사진 검색 때 "지난 가을 큰딸 결혼식 사진" 같은 키워드를 입력하면 AI가 관련 사진을 빠르게 찾아 준다.

맞춤형 AI 서비스와 초강력 성능

S25 시리즈의 새로운 '나우 브리프' 기능은 이용자의 패

턴과 데이터를 학습해 개인화된 정보를 제공한다. 날씨와 일정, 뉴스 등 필요한 정보를 모닝 브리프 형태로 제공하고, 이용자 선호도에 따라 점차 똑똑해지는 학습 엔진을 탑재했다. 미국 퀄컴(Qualcomm)과 공동 개발한 '스냅드래곤 8 엘리트(Snapdragon 8 Elite)' 칩은 이전 세대 대비 CPU와 GPU, NPU 성능이 크게 향상되어 뛰어난 성능과 안정성을 제공한다.

AI 기반 카메라와 편집 기능

S25 시리즈는 고화질 이미지 촬영이 가능한 프로비주얼 엔진과 AI 기반 편집 기능을 통해 카메라 성능을 향상했다. 새로운 초광각 카메라와 함께 영상 편집 때 주변 소음을 제거하거나 음량을 조절할 수 있는 기능을 추가했다. 게임 경험을 위한 레이 트레이싱(Ray tracing. 3D 그래픽에서 현실적인 조명을 구현하는 렌더링 기법)과 벌컨(Vulkan. 고성능 3D 그래픽과 연산 응용 프로그램 프로그래밍 인터페이스)을 지원하여 그래픽 품질 역시 강화했다(조태임, 2025).

애플, 온디바이스 AI 모델 도입

애플은 2024년 4월 생성형 AI 모델 '오픈ELM'[OpenELM.

애플이 개발한 오픈소스 효율 언어 모델(Open-source Efficient Language Model)로, 온디바이스 AI를 지향하며 텍스트 생성 작업을 효율적으로 수행]을 '허깅페이스'(Hugging Face. AI와 머신 러닝 모델을 개발, 공유, 배포할 수 있는 오픈소스 플랫폼이자 AI 커뮤니티)를 통해 출시했다. '오픈ELM'은 적은 데이터로도 높은 성능을 제공하기 위해 트랜스포머 모델에서 파라미터를 효율적으로 분배하는 기술을 사용했다. '오픈ELM'은 다른 모델인 'OLMo'와의 비교에서 사전 훈련 데이터를 절반만 사용해도 정확도가 2.36% 더 높았다. 그러나 마이크로소프트의 'Phi-3'[오픈소스 소형 언어 모델(Open-Source Small Language Model). 언어 이해와 추론, 코딩, 수학 등에서 고성능을 보임]보다는 성능이 떨어졌다. 애플은 이 모델을 스마트폰이나 노트북에서 주로 사용할 방침이다. 애플 실리콘 기반의 기기에서는 'MLX'(Machine Learning Execution. 애플이 개발한 기계학습 라이브러리)를 통해 직접 AI 추론과 미세 조정을 할 수 있다. 애플은 '오픈ELM'과 함께 AI 학습을 위한 툴(Tool)과 훈련 점검사항, 모델 성능 통계, 효율적인 파라미터 설정에 대한 기준도 공개했다(남혁우, 2024).

OTT의 생성형 AI 활용 사례

유튜브는 쇼츠 서비스에 생성형 AI를 활용해 동영상을 생성할 수 있는 기능을 도입한다. 유튜브는 2025년경 구글 딥마인드(DeepMind. 구글이 소유한 영국의 AI 연구소로, 최첨단 AI 기술을 연구하고 개발하는 세계적인 기업)의 최첨단 동영상 생성 모델인 'VEO'(Video Enhanced Optimization)를 유튜브 쇼츠(YouTube Shorts)에 통합할 예정이다. 유튜브는 기존에는 불가능했던 콘셉트를 생동감 있게 시각화할 수 있다고 설명한다. 예를 들면, 북튜버가 책 속의 한 장면에 직접 들어가는 모습을 표현하거나 패션디자이너가 독창적인 디자인 콘셉트를 시각적으로 보여줄 수 있다고 한다. 'VEO'를 통해 제작할 수 있는 동영상은 약 6초이며, AI로 생성된 콘텐츠임을 명시하기 위해 워터마크(Watermark. 디지털 콘텐츠인 이미지, 동영상, 문서 등에 삽입하는 식별 정보)와 라벨[Label. 분류와 식별, 정보 전달을 위해 데이터, 제품, 콘텐츠 등의 개체에 붙이는 태그(Tag. 콘텐츠 분류와 검색을 쉽게 하기 위해 추가하는 핵심어나 식별자, 표식)]이 표시될 예정이다. 또한, 유튜브는 2025년부터 창작자 플랫폼인 유튜브 스튜디오(YouTube Studio)의 〈영감(Inspiration)〉 코너에 생성 AI가 제작한 텍스트와 이미지를 제공하기로 했다. 이를 통해 창작자들이 초기 아이디어를 발전시키고, 이용자와 보다 효과적으로 소통할 수 있도록 지원한다는 계획이다(임미나, 2024).

'VEO', 영상 제작과 광고, 이용에 영향 예상

유튜브의 'VEO' 서비스는 콘텐츠 제작자와 이용자, 광고주 모두에게 영향을 미칠 것으로 보인다. 'VEO'는 영상 검색 최적화와 이용자 경험을 향상하고, 콘텐츠 노출을 늘릴 수 있다. AI와 빅데이터 기술을 활용하여 영상의 자막이나 음성 데이터를 분석하고, 콘텐츠를 검색하여 추천하는 시스템이다. 콘텐츠 제작자에게는 'VEO'가 핵심어 최적화와 메타데이터(Metadata. 데이터를 설명하는 데이터. 콘텐츠나 파일에 대한 정보 – 속성, 구조, 내용, 문맥 – 를 제공) 생성을 도와준다. AI가 영상의 내용을 분석하고, 이를 바탕으로 최적화된 제목과 태그를 추천한다. 제작자는 검색 노출을 늘릴 수 있고, 메타데이터를 활용해 더 많은 이용자에게 콘텐츠를 쉽게 전달할 수 있다. AI가 영상 내 클릭 가능한 요소나 광고 수익을 높이는 태그도 추천하여 수익 향상에도 긍정적인 영향이 기대된다.

이용자에게는 더 나은 검색 경험과 맞춤형 콘텐츠 추

천이 제공된다. 생성형 AI가 이용자의 시청 기록과 관심사를 분석하여 그에 맞는 영상을 추천하고, 긴 영상도 챕터별로 나누어 빠르게 필요한 부분을 찾을 수 있게 도와준다. 이용자는 이를 통해 효율적으로 원하는 정보를 얻고, 다양한 콘텐츠를 소비할 수 있다. 광고주에게는 타기팅 광고 효율성이 높아진다. 'VEO'로 수집된 데이터는 광고 대상을 보다 정교하게 설정할 수 있게 해주는데, 이를 통해 광고 수익이 증가할 것으로 기대된다(박찬, 2024).

참고문헌

남혁우(2024.4). 온디바이스AI 동참한 애플, 생성형AI 모델 공개…성능은. ZDNET Korea, https://zdnet.co.kr/view/?no=20240425100305

박찬(2024.9). 유튜브, 쇼츠 제작에 구글 동영상 생성 기술 지원. AI TIMES, https://www.aitimes.com/news/articleView.html?idxno=163462

임미나(2024.9). 유튜브, 쇼츠에 AI 동영상 제작 기능 추가…올해 안에 지원. 연합뉴스, https://www.yna.co.kr/view/AKR20240919012400075?input=1195m

조태임(2025.1). 더 강력해진 AI, 가격 그대로…공개된 갤럭시 S25. 노컷뉴스,

https://www.nocutnews.co.kr/news/6282559?utm_source=naver&utm_medium=navernewsstand&utm_campaign=20250123090031

05
웹툰 · 애니메이션의 AI 비즈니스 모델

웹툰과 애니메이션이 생성형 AI를 제작과 유통, 비즈니스에 어떻게 적용하고 있는지 알아본다. 웹툰 제작의 생성형 AI 활용 사례와 발전 과정을 살펴본다. 이를 지원하는 각종 앱도 소개한다. 애니메이션에서는 최근 주요 플랫폼으로 성장한 OTT와 유튜브가 애니메이션의 주류 플랫폼이 된 것을 설명한다. 생성형 AI를 활용한 콘텐츠 제작 추진 계획을 소개한다.

AI와 아이돌?

웹툰의 생성형 AI 비즈니스

웹툰은 제작에 많은 인력이 투입되는 전형적인 노동집약형산업이다. 수십 컷(Cut)으로 구성된 한 화를 제작하기 위해 콘티를 만들고, 스케치를 그리고, 선화, 채색, 명암, 후보정, 배경까지 완성해야 한다. 예를 들면 80컷 1화 제작에는 6명이 5일 내내 투입된다. 이러다 보니 웹툰 산업에서 제작의 효율성 향상은 중요한 과제다. 웹툰 제작사들은 생성형 AI를 새로운 수익 모델로 적극 추진하고 있다. 그러나 웹툰 작가들은 다소 소극적이다. 생성형 AI가 만든 웹툰의 저작권이 모호하고, 이용자들이 AI가 제작한 콘텐츠를 싫어하기 때문이다.

웹툰 기업, 생성형 AI 기반 신규 사업 적극 추진

AI 기반 웹툰 창작 기업인 오노마에이아이(Onoma AI)는 2024년 12월부터 생성형 AI와 사람 작가가 협력 제작한 웹툰 〈인생 큐레이터〉를 인공지능 전문지 ≪AI타임스≫에 게재하고 있다. 제작사는 독자 개발한 AI 기반 웹툰 창작 앱 '투툰'과 스토리 창작 도구 '투툰 페뷸레이터' 등을 활용하여 콘텐츠 포맷을 정하고 스토리텔링 방식으로 제작한다. 생성형 AI와 사람 작가의 창의성을 합하여 빠르고 독창적인 스토리 생산 체계를 구축했다. AI는 시각 콘텐츠 제작의 70%와 스토리 초안 작성의 50%를 담당한다. 나머지 작업은 사람 작가의 창의적 업무다.

우선 스토리 창작 단계에서는 작가의 대략적인 스토리 기획과 서사 전반의 방향성을 정한 후 플롯의 기초를 잡는다. 이때 '투툰 페블레이터'를 활용해 스토리 플롯 초안을 완성한다. 두 번째로, 제작사의 '투툰'을 통해 주요 캐릭터 디자인과 배경 이미지를 만든다. 약 2시간 30분이 소요된다. 세 번째로, 스토리보드와 이미지 작업 단계에서는 AI가 생성한 기본 비주얼 데이터를 바탕으로 약 30컷의 스토리보드 이미지를 제작한다. '투툰 페블레이터'를 활용하고, 30분 정도 걸린다. 네 번째로, 최종 디자인과 편집은 작가의 몫이다. AI 생성물에 세부적인 것을 추가하고, 시각적 연출을 완성한다. 컷 구성과 톤 조정, 텍스트 삽입 등 전반적인 편집 작업에 대략 6시간이 소요된다. 모든 작업을 마친 후, 최종 결과물을 검수하고 게시한다. 전체적으로 9~10시간이 필요하다(장세민, 2024).

작가, AI 웹툰 저작권과 독자 거부반응 부담

웹툰 제작사들은 생성형 AI를 적극적으로 도입하고 있지만, 웹툰 작가들은 AI 활용에 신중한 입장이다. 이는

AI가 만든 콘텐츠의 저작권에 대한 명확한 규정이 부족하고, 독자들이 AI 기반 콘텐츠에 부정적이기 때문인 것으로 풀이된다. 한국콘텐츠진흥원의 "2024 웹툰 산업 실태 조사"에 의하면, 웹툰 제작에 AI 활용 경험이 있는 작가는 18.3%에 불과했다. 앞으로 AI를 사용할 의향이 있다고 답한 작가도 36.1%에 그쳤다. 이는 웹툰 제작사의 AI 활용 경험(27%)과 향후 활용 의향(63.8%)과 비교했을 때 많이 낮은 수치다. AI를 새로운 수익 모델로 인식하는 웹툰 기업과 달리, 작가들은 AI가 자신의 그림체를 학습하는 것에 대한 거부감이 있고, AI로 제작된 작품이 다른 사람의 그림체를 무단으로 사용할 가능성에 대한 우려도 큰 데 기인한 것으로 판단된다. 실제로 "2024 웹툰 산업 실태 조사'에서 AI 활용 경험이 없는 작가들을 대상으로 AI를 활용하지 않는 이유를 조사한 결과, '윤리적 문제와 저작권 관련 법적 부담'이 41.3%로 가장 높은 비율을 차지했다. 다음으로, 'AI 도입으로 인해 작품의 독창성과 예술성이 저하될 우려'(31.3%)가 컸다. 이용자들의 부정적인 반응도 작가들이 AI 도입을 망설이게 만드는 주요 요인 중 하나다. 2023년 네이버웹툰이 개최한 '지상최대공모전'에서 AI를 활용해 제작한 웹툰의 출품을 허용했지만, 이에 반발한 이용자들이 AI 웹툰 불매운

동을 벌였다. 결국 네이버웹툰은 2차 공모부터는 AI 활용을 금지했다(조수민, 2025).

웹툰 생성형 AI의 발전

첫 번째로, 한국의 이미지 생성형 AI 스타트업인 라이언로켓(Lion Rocket)은 웹툰 제작에 특화된 AI 기술을 적용하고 있다. 자체 개발한 언어 모델인 '젠버스(Genvas)'를 활용하여 작가의 화풍을 학습하는데, 약 10장의 그림만으로도 일관된 결과물을 생성할 수 있다. 특히 로맨스판타지(Romantic fantasy, 로맨스와 판타지가 결합한 장르)와 액션 장르에서도 캐릭터의 일관성을 유지하며, 높은 품질의 웹툰 제작이 가능하다. 두 번째, 네이버웹툰은 생성형 AI 기술을 활용하여 다양한 서비스를 제공하고 있다. 2023년 5월 출시된 '툰필터(Toon Filter)'는 이용자의 사진을 웹툰 작가의 그림체로 변환하는 기능을 제공한다. 태국과 인도네시아, 프랑스, 북미, 대만, 일본 등에서도 사용할 수 있다. 창작자들의 그림체를 학습하여 저작권 논란이 없는 새로운 생성형 AI 도구를 개발할 계획이다. 구체적으로는 '쉐이퍼'(Shaper. 3D 캐릭터 모델링 통해 웹툰 제작을 도움), '콘스텔라'(Constella. 모델링된 3D 캐릭터를 2D 이미지로 변환), '웹툰 AI 페인터'(WEBTOON AI PAINTER. 딥 러닝 기술 활용하여 스케치 맥락에 맞는 자동채색 지원), '웹툰 캐리커처'(이용자의 얼굴 사진을 웹툰 작가의 스타일로 변환) 등이 있다.

세 번째로, 오노마에이아이는 '투툰'을 개발하면서 핵심 기본 모델 '아니마 디퓨전(Anima Diffusion XL)'을 공개했다. 이 모델은 1,000만여 장의 공개 일러스트레이션 이미지를 학습하여 저작권 문제를 해결하고, 여러 에피소드에 걸쳐 일관된 그림체를 유지할 수 있도록 미세 조정했다. 콘트르 샷(Contre Shot, 영화와 드라마, 애니메이션, 웹툰 등에서 흔히 사용되는 카메라 연출 기법 중 하나로, 두 명이 대화할 때 각각 반대 방향에서 촬영하는 기법), 레퍼런스(Reference. 특정 작업 때 참고하는 자료와 예시, 모델 등), 에셋(Asset. 디지털 콘텐츠 제작에서 활용되는 자료 또는 자산) 등의 요소를 중점적으로 개발하고 있다.

AI의 도입으로 반복적인 작업은 자동화되고, 창작자는 더욱 창의적인 작업에 집중할 수 있는 환경이 마련되고 있다. 이러한 기술은 단순한 보조를 넘어 창작자의 스타일을 유지하면서도 작업 속도를 획기적으로 개선하는 데 기여하고 있다. 특히, AI 활용 교육이 본격화되면서,

프롬프트 엔지니어링(Prompt Engineering. 생성형 AI에서 원하는 결과를 얻기 위해 입력 명령어인 '프롬프트'를 최적화하는 기술) 같은 전문기술을 활용한 창작이 더 활성화될 전망이다. 그러나 AI의 과도한 활용에 대한 우려도 제기된다. 창작의 다양성을 해칠 수 있다는 지적과 함께, 저작권 문제와 AI 의존도 심화에 대한 논란이 있다. 전문가들은 인간 창작자를 대체하기보다는 창작을 보완하는 도구로 AI를 활용해야 한다고 강조한다(홍성철, 2025).

애니메이션의 생성형 AI 비즈니스

애니메이션(Animation)은 정지된 이미지를 연속적으로 배열하여 움직이는 것처럼 보이게 만드는 시각적 예술 형식을 띤다. 영화와 TV 시리즈, 광고, 게임, 교육 콘텐츠 등 다양한 분야에서 활용되며, 어린이부터 성인까지 폭넓은 관객층을 대상으로 한다. 애니메이션 산업은 글로벌 콘텐츠 시장에서 중요한 위치를 차지한다. 대표적인 기업으로는 디즈니(Disney), 픽사(Pixar), 드림웍스(DreamWorks) 같은 미국의 대형 스튜디오와 일본의 스튜디오 지브리(Studio Ghibli), 도에이 애니메이션(Toei Animation) 등이 있다. 디지털 기술의 발전으로 인해 넷플릭스와 유튜브 같은 OTT가 주요 유통 경로로 자리매김했다. 가상현실(VR, Virtual Reality. 컴퓨터를 활용하여 현실과 유사하거나 완전히 다른 가상의 환경을 만들어 이용자가 몰입할 수 있도록 하는 기술)과 증강현실(AR, Augmented Reality. 현실 세계 위에 디지털 정보를 추가하여 현실과 가상을 결합하는 기술) 등의 새로운 기술과 융합하여 한층 몰입감 있는 콘텐츠로 발전하고 있다(한국콘텐츠진흥원, 2024).

애니메이션의 생성형 AI 활용 사례

최근 한국 애니메이션 산업은 기술적 혁신과 유통 방식의 변화로 새로운 도약을 맞이하고 있다. 특히, 2023년 이후 OTT와 유튜브 등의 온라인 플랫폼이 애니메이션 유통의 주류로 부상하며 글로벌 시장 진출의 기회도 확대되고 있다. 이에 더해 생성형 AI의 발전이 애니메이션 제작 전반에 혁신을 가져오고 있다. 생성형 AI는 애니메이션의 사전 제작 과정에서 활용된다. 스토리보드 작성과 콘셉트 아트, 캐릭터 디자인 등 다양한 분야에서 공정의 효율성과 품질 향상을 돕는다. 또한, 애니메이션에서 파생된 버추얼 유튜버, 버추얼 아이돌 등의 버추얼 휴먼 기술 개발이 생성형 AI와 활발하게 결합하고 있다. 한국의 애니메이션 스튜디오인 스튜디오미르는 자회사인 스튜디오미르CGI를 통해 생성형 AI 기반 애니메이션 제작 기술을 연구・개발하여 작화의 일관성을 유지하고 제작 공정을 효율적으로 진행한다. 선우앤컴퍼니를 비롯한 중견 애니메이션 제작사들은 생성형 AI를 활용한 사전 제작 자동화에 초점을 맞추고 있다. 다른 일부 스타트업들은 생성형 AI만으로 애니메이션을 제작하려고 노력하고 있다(한국콘텐츠진흥원, 2024).

참고문헌

장세민(2024.12). 오노마AI, 첫 'AI 웹툰' 연재 시작... 인공지능과 인간 협업 선례 만들 것. AI타임스, https://www.aitimes.com/news/articleView.html?idxno=166011

조수민(2025. 1). 웹툰도 AI가 쉽게 만드는데... 작가들이 신중한 이유. ZDNET KOREA, https://zdnet.co.kr/view/?no=20250106145312

한국방송통신전파진흥원(2023.12). ≪MEDIA ISSUE & TREND≫, 59.

한국콘텐츠진흥원(2024.10). 『2024 애니메이션 산업백서』.

한국콘텐츠진흥원(2024.8). 『KOCCA FOCUS』, 169, AI와 함께하는 웹툰 산업과 스토리 창작의 미래.

홍성철(2025.1). AI, 영화부터 웹툰까지 창작 보조자로 떠오르다. 동아이지에듀, https://edu.donga.com/news/articleView.html?idxno=8011

0

06
IP와 AI 비즈니스 모델

콘텐츠 산업에서 IP의 중요성과 성장세, 생성형 AI를 적용한 사업 확장 사례를 알아본다. IP가 미디어 산업뿐만 아니라 유관 산업에도 진출하는 것을 확인한다. 생성형 AI를 활용한 IP 확장 사례로 SM엔터테인먼트의 에스파 프로젝트와 YG엔터테인먼트와 블랙핑크 프로젝트, 카카오엔터테인먼트의 웹툰 · 웹소설 IP 확장을 소개한다.

AI와 야구?

IP의 정의

IP(Intellectual Property, 지식재산권)는 인간의 창의적 활동으로 만들어진 무형의 지적 창작물을 법적으로 보호하기 위한 권리이다. 이는 창작자의 권리를 보호하고, 창작 활동을 장려하며, 경제적 가치 창출에 중요한 역할을 한다. 한국에서 '지식재산권'은 '저작권'과 '산업재산권', '신지식재산권' 등으로 구성되는데, 미디어 산업은 저작권과 관련이 많다. 저작권은 창작자가 만든 문학과 예술, 음악, 소프트웨어 등 다양한 창작물을 보호하는 권리이다. 보호 대상은 글과 음악, 영화, 미술, 연극, 컴퓨터 프로그램 등이다. 저작권은 창작과 동시에 자동으로 발생하며, 보호기간은 일반적으로 저작자 사후 70년이다. '저작인접권'은 연주자와 제작자, 방송사의 권리를 포함한다.

왜 IP가 중요한가?

IP는 미디어 산업에서 중요한 이슈다. 그 이유는 첫 번째로, IP는 캐릭터와 이미지의 확장을 가능하게 한다. 잘 개발된 캐릭터와 이미지는 한 장의 그림에서 시작해 웹툰과 애니메이션, 영화, 방송 등으로 무한 확장할 수 있다. 두 번째로, 생성형 AI를 다양하게 활용할 수 있다. 웹툰이나 웹소설을 애니메이션과 방송, 영화로 제작할 때 생성형 AI를 적용할 수 있다. 새로운 캐릭터를 만들거나 기존 캐릭터의 활용도가 높아지며 IP 비즈니스가 더욱 고도화될 것으로 예상된다. 세 번째로, 배우와 아이돌의 IP 활용이다. 생성형 AI를 적용하면 배우나 아이돌은 촬영장에 직접 참여하지 않고 초상권 제공만으로 콘텐츠를 제작할 수 있다. 이를 통해 시간과 공간의 제약을 극복하고 다양한 콘텐츠를 제작할 수 있다.

네 번째로, 콘티 작성과 애니메이션화다. 콘텐츠 촬영에 필요한 콘티 등의 자료도 생성형 AI를 활용해 연출과 내용 이해도를 높일 수 있고, 애니메이션 형태로 변환할 수도 있다. 다섯 번째로, 버튜버(VTuber, Virtual YouTuber의 약자. 가상 캐릭터를 활용하여 활동하는 유튜버나 스트리머를 의미)와 가상 캐릭터의 활성화이다. 생성형 AI로 새로운 캐릭터를 만들거나 배우의 연기에 가상 이미지를 덧입힌 활동이 가능해지면서 버튜버가 더욱 주목받고 있다. 미국과 영국, 일본 등에서는 구독자 100만 명 이상을 확보한 버튜버가 다수 등장하며 하나의 트렌드로 자리 잡아 가고 있다. 여섯 번째로, 가상현실과 개인 미디어의 활성화다. 가상 기술을 활용해 부캐릭터나 원하는 외형으로 활동할 수 있다. 개인 미디어에서도 가상 캐릭터 활용이 늘어날 것으로 예상된다.

IP와 생성형 AI

비즈니스 전반에 걸쳐 적용할 수 있는 AI 전략을 수립하는 역량이 곧 미래 성장 동력으로 인식된다. 스타트업에서부터 플랫폼, 빅테크에 이르기까지 미디어 산업 전반이 지식재산권 확보에 뛰어드는 양상이다.

디오리진의 다양한 IP 비즈니스

한국의 종합콘텐츠 IP 홀딩스 스타트업인 디오리진은 크리에이티브와 혁신 사업 모델 설계 역량을 바탕으로 오리지널 콘텐츠 확보는 물론, 라이선싱 사업과 트랜스미디어 기반 브랜딩 등 다양한 비즈니스를 전개하고 있다. 스토리와 아트 엔진을 고도화하고, 자체 AI 제작 시스템을 구축하여 웹툰과 웹소설, 드라마, 게임 등의 콘텐츠 IP를 개발하고 있다. 디오리진의 AI 제작 시스템은 웹툰 창작에서 높은 효율성을 보인다. 이 앱은 IP별로 모델을 튜닝하고 데이터베이스를 구축한 후 스토리와 아트 제작을 진행한다. 높은 수준의 작업물을 확보할 수 있는데, 특히 분량이 많을수록 업무 속도가 더 빨라진다. 웹툰 스튜디오 전문 인력과 비교하면, 인원을 3분의 1로 줄이고도 업무 시간을 약 45%까지 단축한 것으로 알려졌다. 완성도 높은 UI(User Interface. 이용자가 디지털 제품-웹사이트, 앱, 소프트웨어, 게임 등-과 상호작용하는 시각적 요소와 구조를 의미)도 장점이다. 디오리진은 그림체와 캐릭터 각도 등 편집 필수 요소를 직관적으로 적용할 수 있도록 프로그램 화면을 구성했다. 이에 따라 AI나 프롬프트 엔지니어링에 대한 배경지식이 없는 아티스트도 쉽게 시스템을 활용할 수 있다. 디오리진은 향후 솔루션을 애니메이션 제작에까지 적용할 수 있도록 고도화할 계획이다.

디오리진은 또한 대형 프로젝트와 다수의 공동 IP 개발 협력 과정에도 AI 기술을 활용한다. 오리지널 IP '갓트웰브' 프로젝트에서는 70% 이상의 콘셉트 아트 구성과 웹툰 · 실사화 레퍼런스 이미지 개발 절차에 AI 시스템을 활용했다. GFFG(Good Food For Good의 약자, '좋은 음식을 오랫동안 즐길 수 있도록'이라는 의미의 한국 푸드 · 라이프 스타일 기업) 노티드월드 팝업스토어 협업 때에는 브랜드 IP 시각화 작업에 AI 솔루션을 적용했다. 이외에도 콩스튜디오 〈가디언 테일즈(Guardian Tales)〉와 컴투스 〈서머너즈 워(Summers War)〉 등 다양한 게임 IP 개발과 고도화에도 AI 앱을 활용한 바 있다

(송봉석, 2024).

네이버웹툰, 생성형 AI 활용 IP 확대

네이버웹툰은 웹툰과 웹소설 등의 AI를 집중 연구하고 있다. 창작과 저작권 보호, 유해 콘텐츠 차단 등을 지원하는 다양한 AI 기반 솔루션을 개발해 활용하고 있다. 2023년 5월에 베타 서비스로 처음 선보인 '툰필터'는 딥 러닝 기술과 생성형 AI를 이용해 실사 이미지를 웹툰 화풍으로 바꿀 수 있는 솔루션이다. 자체 개발한 '툰레이더'는 웹툰에 심어진 이용자 식별 정보를 읽고 불법 이용자를 탐지해 저작권을 보호한다. 서비스 출시 1주일 만에 2,000만여 장의 변환 이미지를 생성한 것으로 알려졌다. 2024년 3월 현재 네이버웹툰이 선보인 독자들을 위한 웹툰 IP 활용 참여형 서비스는 '툰필터', '웹툰운세', '내가만든쿠키', '툰BTI' 등 5개다(https://comic.naver.com/index).

콘텐츠의 생성형 AI를 활용한 IP 확장 사례

SM의 '에스파 프로젝트'

SM엔터테인먼트의 에스파 걸 그룹과 AI 아바타 프로젝트이다. SM은 지난 2020년 이후 에스파라는 걸 그룹을 통해 AI 아바타와 메타버스 스토리라인을 활용한 IP 확장을 추진하고 있다. 에스파는 각각 AI 아바타 멤버를 가지고 있는데, 현실과 가상의 연결을 주요 콘셉트로 한다. AI 기반 음악 제작 툴로 에스파의 일부 곡 작업을 진행하여 가상과 현실 음악 간의 연결을 강화하고 있다. 또한 생성형 AI를 활용하여 멤버들의 아바타 콘텐츠(음성, 얼굴 애니메이션 등)를 제작하고, 이를 팬들과의 소통 도구로 활용하고 있다. 에스파와 AI 아바타는 해외 팬들에게 새로운 경험을 제공하고, 머천다이징 상품과 IP 기반 게임, 웹툰 등으로 영역을 확장하고 있다 (https://www.smentertainment.com).

YG와 '블랙핑크 프로젝트'

YG엔터테인먼트의 블랙핑크 가상 공연과 생성형 AI 기반 콘텐츠 제작이다. YG는 블랙핑크의 월드투어와 가상 공연에서 생성형 AI 기술을 활용해 팬들에게 새로운 형태의 콘텐츠를 제공하고 있다. AI를 활용하여 멤버들의 디지털 트윈으로 불리는 가상 버전을 생성하여 팬들과의 상호작용한다. AI 음악 합성 기술로 블랙핑크의 히트 곡 리믹스 버전과 가상 퍼포먼스를 제작했다. 디지털 트윈 캐릭터는 메타버스 공간에서 콘서트를 진행하며 추가적인 수익을 창출하고, AI 기반 콘텐츠는 광고나 게임과 연계하여 다양한 플랫폼에서 활동하고 있다(https://ygfamily.com/ko/main).

카카오엔터테인먼트의 '웹툰 · 웹소설 IP 확장'

카카오엔터테인먼트는 웹툰과 웹소설을 통해 IP 사업을 펼치고 있다. 카카오엔터테인먼트는 자사 플랫폼의 인기 웹툰과 웹소설 IP를 확장하기 위해 생성형 AI를 활용하고 있다. 예를 들면 웹툰 〈나 혼자만 레벨업〉의 글로벌 확장이다. 생성형 AI를 활용해 고품질의 번역을 추진하여, 각 나라의 언어와 문화적 맥락에 맞춘 지역화 작업을 진행했다. 생성형 AI 기반의 캐릭터 아트를 활용해 팬들이 직접 소장할 수 있는 굿즈[예: 대체 불가능한 토큰(Non-Fungible Token). 블록체인 기술을 활용하여 디지털 자산 – 이미지, 음악, 영상, 게임 아이템 등 – 의 소유권을 증명하는 토큰]과 포스터를 만들었다. 2024년까지 글로벌 팬덤(Fandom. 특정 연예인과 음악, 영화, 스포츠팀, 게임, 캐릭터 등 문화 콘텐츠를 열정적으로 지지하는 팬들의 집단)을 형성하여 소설과 웹툰, 애니메이션, 게임 등으로 IP를 확장하고 있다. 일례로, 2024년에 일본에서 텔레비전 애니메이션으로 제작한 후 전 세계 스트리밍 플랫폼에서 공개하여 많은 IP 수익을 확보하기도 했다(https://kakaoent.com).

참고문헌

SM엔터테인먼트. https://www.smentertainment.com/

YG엔터테인먼트. https://ygfamily.com/ko/main

네이버웹툰. https://comic.naver.com/index

송봉석(2024.6). 콘텐츠산업도 'AI'에 빠졌다…퍼스트무버 도약 열 올리는 IP업계. ≪스포츠경향≫. https://sports.khan.co.kr/article/202406280017003?pt=nv

카카오엔터테인먼트. https://kakaoent.com/

한국문화관광연구원(2024.5). 콘텐츠 제작 생성형 AI: 콘텐츠산업 영향과 이슈. ≪Content Industry Trend Brief≫, 24(4), 1-16쪽.

07
초개인화와 AI 비즈니스 모델

최근 들어 한국인들은 세대 간에는 물론이고 또래 집단 내에서도 자신만의 고유한 것을 찾는 경향이 부쩍 강해지고 있다. 이른바 초개인화 현상이다. MZ 세대와 알파 세대를 중심으로 초개인화 트렌드를 알아본다. 스포츠 산업이 생성형 AI를 적극적으로 도입하고 있는 것과 통신사들의 초개인화 사업 전략을 살펴본다.

AI와 윤동주?

이제는 초개인화 시대!

하이테크의 빠른 발전과 개인주의의 심화 등에 따라 이용자들은 개인 맞춤형 경험을 강하게 요구한다. 초개인화 서비스는 개별 이용자의 성향과 행동 패턴, 관심사를 정밀 분석하여 맞춤형 상품을 제공하는 것이 핵심이다. 이때 AI는 방대한 데이터를 분석해 이용자별 최적의 콘텐츠와 제품을 추천한다.

2030세대는 AI를 업무와 일상생활 전반에서 적극 활용하고 있다. 많은 대학생들은 '챗지피티'로 전공 과제를 분석하고, '미드저니'로 사례 발표를 준비하며, AI 편집앱으로 영상을 제작한다. 이제 생성형 AI는 2030세대의 생산성과 창의성을 극대화하는 핵심 도구이다.

2010년 이후 태어난 알파 세대는 AI 네이티브라고 할 수 있다. 이들은 AI와 메타버스를 자연스럽게 활용한다. '로블록스' 같은 플랫폼에서 가상공간을 경험하며, AI를 일상에서 자연스럽게 접한다. 이로 인해 알파 세대의 소비 패턴과 시장구조는 AI 중심으로 변화할 가능성이 크다는 평가다.

소비 패턴도 초개인화!

최근 들어 소비자들은 동조에서 벗어나 자신만의 개성

을 표현하는 소비 패턴을 보인다. 특히 Z세대와 알파 세대는 맞춤형 스타일을 중요하게 여긴다. AI 기반 추천 시스템을 통해 자신에게 최적화된 패션과 콘텐츠, 라이프스타일을 선호한다. 소비생활에서도 AI가 소비자 맞춤형 서비스를 위한 필수 요소로 자리 잡아가고 있는 것이다(윤채원, 2024).

AI를 활용한 데이터 분석은 콘텐츠 산업을 포함한 다양한 분야에서 계속 중요해지고 있다. 저자를 비롯한 연구자와 전문가들은 미디어 산업에서 AI 기반 이용자 데이터 분석의 필요성을 강조하면서, 이용자 선호도를 정밀 분석하는 것이 콘텐츠 경쟁력 강화를 위한 핵심 요소라고 강조하였다. 미디어 기업들이 생성형 AI를 활용한 맞춤형 마케팅과 콘텐츠 제작, 이용자 경험 전략을 적극 추진해야 한다는 것이다(정민경, 2024).

스포츠 AI, 경기 중계부터 이용자 맞춤형 서비스까지 다양

스포츠는 AI를 산업 전반에서 활용하고 있다. 이에 따라 세계 스포츠 AI 시장이 빠르게 성장, 2032년까지 약 39조 원(297억 달러)의 규모로 확대될 전망이다. AI 기술은 선수 훈련과 경기 분석, 팬 경험 개선 등 다양한 분야에서 스포츠 산업의 패러다임을 바꾸고 있다. 특히 생성형 AI를 활용한 맞춤형 콘텐츠 제공이 중요한 요소로 떠오르고 있다.

AI 중계 · 해설

AI는 경기 하이라이트를 실시간으로 자동 편집하고, AI 해설가를 도입해 풍부한 경기 해설을 제공한다. 미국의 스포츠 채널인 폭스 스포츠(FOX SPORTS)는 구글 클라우드의 '버텍스 AI(Vertex AI)'를 활용해 실시간 스포츠 영상을 분석하고, IBM은 AI 해설을 통해 경기 종료 후 몇 분 내로 하이라이트 영상을 생성한다. 한국에서는 SK텔레콤이 AI 최경주를 활용해 골프 경기 해설을 제공한 적이 있다. LG유플러스는 AI 기반 축구 하이라이트를 경기 종료 후 3분 이내에 제작한다.

경기 분석 · 예측

IBM의 '왓슨엑스 AI(watsonx.ai)'는 마스터스 토너먼트에서 각 홀별 데이터를 분석하고, 8년간 축적된 17만여 개의 샷 데이터를 활용한 경기 예측을 서비스한다. 테니스 경기에서는 IBM의 AI 모델이 경기력을 분석하고 우승 확률을 추정하며, 매치 리포트(Match Report)를 통해 모든 남녀 단식경기 분석을 자동으로 생성한다. 국내에서는 네이버가 한국야구위원회의 야구 경기 편집 시간을 기존의 30분에서 3분으로 단축하는 AI 기술을 적용했다.

선수 훈련과 전략 수립

AI는 선수 훈련 데이터를 분석해 최적의 훈련 방법을 제안하고, 부상 예방과 재활 프로그램을 지원한다. 스페인 프로축구팀 세비야 FC(Sevilla FC)는 IBM AI를 활용해 선수 영입 전략을 수립하고, 선수들의 경기력을 분석해 최적의 영입 결정을 내리고 있다.

AI 심판 보조와 경기 운영

2024 파리올림픽에서는 AI가 체조 선수의 발 각도를 측정해 심판의 판정을 보조하는 등 경기 운영의 정확성을 높였다. AI 카메라 시스템을 활용해 육상 경기에서 1초당 4만 장의 이미지를 분석해 결승선 통과 순위를 판별했다.

팬 맞춤형 콘텐츠

IBM은 마스터스 골프와 윔블던 테니스, US 오픈 등에서

AI 기술을 활용해 경기 데이터 분석, 선수 경기력 평가, 우승 가능성 예측 서비스를 제공하고 있다. 팬들은 AI가 생성한 해설과 경기 요약을 제공받고, 경기 종료 후 몇 분 내로 자동 생성된 경기 리포트를 확인할 수 있다.

스포츠 AI 고속성장 전망

미국의 글로벌 시장조사 기관 얼라이드 마켓 리서치(Allied Market Research)에 따르면, 스포츠 AI 시장은 연평균 29.7% 성장해 2032년에는 39조 원 규모에 이를 것으로 예상하고 있다. AI 기술은 실시간 경기 데이터 분석과 선수 경기력 예측, 맞춤형 콘텐츠 제공 등을 더욱 강화할 것으로 보인다(장은지, 2024).

IPTV, 초개인화 전략과 AI 기술 도입

KT와 SKB, LG유플러스 등 한국 IPTV 3사는 최근 급변하는 미디어 산업 환경에서 새로운 활로를 모색하고 있다. 특히, 2023년 유료 방송 가입자의 소폭 감소와 생성형 AI의 고도화를 맞아, 개인 맞춤형 서비스, 즉 초개인화 전략을 적극적으로 추진하고 있다. IPTV들은 AI를 활용한 맞춤형 콘텐츠 제공과 이용자 경험 개선에 집중하고 있다.

SKB, AI 비서 에이닷 출시

SKB는 2023년 9월부터 IPTV Btv에 AI 비서 '에이닷'을 도입했다. 기존의 키워드 검색 방식이 아닌 대규모 언어 모델을 활용해 이용자 요청의 맥락을 파악하여 콘텐츠를 추천하는 것이 특징이다. 예를 들어, 이용자가 "해리포터와 비슷한 영화 추천해 줘"라고 하면 기존 방식에서는 〈해리포터〉 시리즈를 추천하지만, 에이닷은 〈오즈의 마법사〉 같은 유사한 장르의 영화를 추천한다. 또한, 자동 개인 식별 기술을 적용해 이용자의 스마트폰 프로필을 인식하고 최적화된 서비스를 제공한다.

LG유플러스, AI 기반 VOD 자막 서비스

LG유플러스는 IPTV U+TV에 AI '익시'를 적용하여 AI 큐레이션과 AI 자막, AI 음성 챗봇 등의 서비스를 제공하고 있다. AI 큐레이션 기능을 통해 이용자가 콘텐츠를 검색하면, 즉시 개인화된 문구와 함께 유사한 콘텐츠를 제안한다. AI 자막 기능을 통해 방송 프로그램의 음성을 실시간으로 분석하여 10여 분 만에 자막을 생성 제공한다. 이를 통해 시청자들은 드라마나 다큐멘터리와 같은 주문형 비디오 콘텐츠를 자막과 함께 이용할 수 있다.

KT, 온디바이스 AI 출시

KT는 2024년 1월 AI가 적용된 온디바이스 AI 셋톱박스를 출시했다. 온디바이스 AI 셋톱박스는 AI 영상 편집 기술을 활용하여 이용자가 특정 인물이 등장하는 장면만 골라서 볼 수 있도록 지원한다. 온디바이스 AI 셋톱박스에 큐레이션 기능을 추가해 이용자 맞춤형 콘텐츠 추천을 강화했다. KT는 AI 인프라가 없는 사업자들도 손쉽게 AI를 활용해 콘텐츠를 분석하고 생성할 수 있도록 매직플랫폼을 도입하여 B2B(Business-to-Business, 기업과 기업 간의 거래를 기반으로 한 비즈니스 모델) 시장도 공략하고 있다.

참고문헌

윤채원(2024.9). 2030세대는 AI 생활의 달인. ≪주간동아≫, https://n.news.naver.com/article/037/0000034984?cds=news_edit

장은지(2024.10). 세계 스포츠 AI 시장 39조 원까지 성장… '초개인화' 콘텐츠가 핵심. ≪동아일보≫, https://www.donga.com/news/Economy/article/all/20241004/130157152/2

정민경(2024.6). AI 콘텐츠 시대, PD 사라질까. ≪미디어오늘≫, https://n.news.naver.com/article/006/0000124619?cds=news_edit

정승원(2024.11). 지금 IPTV는 '초개인화' 전쟁 중... AIPTV가 대세.

뉴스핌,
https://www.newspim.com/news/view/20241101000864

08
광고의 AI 비즈니스 모델

광고 산업은 생성형 AI 도입에 가장 적극적인 분야 중 하나다. 광고의 중요한 속성인 크리에이티브와 AI의 생성 기능이 서로 잘 맞아떨어지기 때문이다. 이는 한국 광고 산업을 대표하는 한 기획사가 2023년에 생성형 AI를 활용한 광고를 선보인 데서도 잘 나타난다. 국내 광고기획사들의 생성형 AI 활용에 대해 알아본 후, 여러 플랫폼들의 생성형 AI 활용 서비스를 소개한다.

AI와 한의학?

광고의 생성형 AI 활용 사례

2023~2024년에는 생성형 AI를 활용한 광고 제작이나 서비스가 대거 선보였다. 한국 광고기획사들은 새로운 크리에이티브와 제작비 절감, 생성형 AI 플랫폼 구축 등을 위해 AI 콘텐츠를 적극 제작하고 있다. 구글과 아마존, 네이버, 쿠팡 등 플랫폼들도 생성형 AI를 적용한 다양한 서비스로 이용자의 만족과 경험, 구매 등을 향상하기 위해 노력하고 있다.

"같이 마셔보겠나?" 아리수 권하는 세종대왕 AI

서울시 산하 서울아리수본부는 2024년에 아리수 광고를 생성형 AI로 재미있게 제작해 화제를 모았다. '아리수 마시는 당신이 영웅' 디지털 광고 시리즈에서 세종대왕과 이순신, 정약용, 이이 등이 아리수 물을 마실 것을 권한다. 생성형 AI를 활용해 영상 속 위인이 입을 움직이며 마치 말을 하는 듯한 느낌으로 광고를 제작해 참신한 접근이라는 평가를 받았다. 세종대왕은 "한글만큼 소중한 물"이라며 "나와 같이 마셔보겠나?"라고 아리수를 권하고, 이순신 장군은 "환경오염으로부터 우리를 구하는 승리의 물"이라고 아리수를 소개한다. 다산 정약용은 "고물가 시대 아리수를 마시는 것은 가장 실리적인 일"이라고 말한다(송치훈, 2024.12).

제일기획, 자체 'AI 플랫폼'까지 개발 중

삼성그룹 계열 광고기획사 제일기획은 2023년 7월 AI로만 만든 삼성생명 TV 광고를 업계 최초로 선보였다. '챗지피티'가 등장한 지 1년도 안 된 시기에 AI를 광고에 접목한 것이다. 다채로운 표정과 디테일 확보를 위해 3개월간 1만 장이 넘는 AI 생성 이미지를 만들어 냈다. 특히 단순 실사 이미지 느낌을 내는 것을 넘어 주로 서양 기반 이미지를 생성하는 AI 탓에 한국인에 가까운 이미지를 만들기 위해 많은 시간과 노력을 들인 것으로 알려졌다. 제일기획은 디지털 테크 관련 부서를 중심으로 AI 기술의 비즈니스 접목 가능성을 연구하고 있다. 광고 제작 등에 AI 기술을 활용하는 다양한 시도도 이어가고 있다. 이 회사 칠레 법인은 최근 현지 음악 공연 전문 매체와 함께 1973년 군부 쿠데타에 저항하다가 사망한 칠레의 민중가수 빅토르 하라(Victor Jara)의 목소리를 AI로 복원, 뮤직비디오를 제작해 유튜브 등에 공개했다. 뮤직비디오는 온라인 공개 하루 만에 100만여 건의 조회 수를 기록했고, 소셜 미디어에서는 2만 5,000회 이상 공유됐다.

또한 서울시 등과 함께 광화문 AI 해설사 서비스 프로젝트에도 참여했다. 광화문 AI 해설사는 세종대왕과 훈민정음, 역사물길 등 광화문광장의 대표적인 역사와 문화시설을 AI 음성과 영상으로 안내한다. 사람 아나운서 목소리를 AI 음성으로 제작하는 데에는 KT의 '마이AI보이스' 서비스를 활용했다. 회사 관계자는 "제작과 마케팅, 운영 등 다양한 방면에서 AI 활용 솔루션을 개발 중인데, 특히 광고에서 비중이 높은 크리에이티브 제작을 중심으로 개발 · 활용 중"이라고 말했다. 제일기획은 AI 광고 사업을 선도하기 위해 자체 AI 플랫폼도 준비 중인 것으로 알려졌다.

HS애드, 비용 · 기간 4분의 1로 단축 & 디지털 광고 제작 80% AI 활용 목표

LG그룹 계열 광고기획사 HS애드는 최근 통합 마케팅 AI 플랫폼 '대시AI'를 국내 광고업계 최초로 상용화했다. '대시AI'는 마케팅 크리에이티브 업무 전반을 생성형 AI로 진행한다. 예를 들면, 마케팅 전략부터 광고 제작, 성과 측정까지 업무 전반을 생성형 AI로 진행할 수 있다. HS애드는 AI를 활용한 콘텐츠 제작 역량을 높이기 위해 2023년부터 1년여 간 LG AI 연구원과의 협업을 포함, 다양한 고객사와의 기술 검증을 진행하며 '대시AI' 개발을 추진해 왔다. HS애드는 브랜드 인지-탐색-구매에 이르는 모든 이용자 경험에서 마케팅 크리에이티브를 발휘하는 일에 '대시AI'를 사용한다는 계획이다. 단기적으로는 배너 등 디지털 광고 제작의 80%를 AI로 진행하는 것을 목표로 하고 있다.

이노션, 스토리텔링 AI 광고 추진

현대자동차그룹 계열 광고기획사 이노션은 2024년 3월 생성형 AI를 활용한 광고 콘텐츠 제작을 강화하기 위해 전담 부서를 신설했다. 이 팀은 고객사 필요에 맞는 다양한 유형의 생성형 AI 브랜디드 콘텐츠를 기획하고 관련 플랫폼 구축을 추진하고 있다. AI를 활용해 현대자동차그룹 정주영 창업자의 육성을 복원해 2023년 11월 현대자동차 울산 전기차 전용 공장 착공식에서 공개하기도 했다. 이노션이 2024년 6월 공개한 현대자동차 트럭 브랜드를 소개하는 신규 디지털 광고 〈영원히 달리는 자동차〉는 실사 촬영 없이 캐릭터부터 배경음악과 작사, 작곡까지 100% 생성형 AI만으로 제작해 주목을 받았다. 기존의 방식으로 제작할 경우 필요했던 한 편의 제작비로 세 편의 에피소드를 만들었다. 이노션은 "이번 광고를 통해 단순 그래픽 이미지 나열에 불과한 생성형 AI 광고의 한계를 넘어 탄탄한 스토리텔링의 광고 가능성을 확인했다"고 설명했다.

대홍기획, AI를 크리에이티브에 접목

롯데그룹 계열 광고기획사 대홍기획도 AI 활용에 적극적이다. 대홍기획은 2023년 말에 실사 촬영 없이 콘텐츠를 제작하는 AI 스튜디오를 신설하여 AI를 크리에이티브에 접목하는데 집중하고 있다. 2023년 롯데리아 광고 〈K 버거, K 음악이 되다〉에서 AI가 만든 음악을 선보인데 이어, 2024년 햄버거의 맛을 AI가 그린 그림으로 표현했다. 해외 고객이 느끼는 햄버거의 맛을 그대로 보여주기 위해 외국인에게 뇌파 탐지기를 씌우고 외국인이 느끼는 맛을 AI로 그린 새로운 광고를 선보였다. 2024년 7월에는 마케팅 전용 AI 시스템 에임스(AIMS)를 공개했다. 에임스는 AI와 빅데이터, 클라우드 기술을 적용해 하나의 플랫폼에서 기업의 광고 마케팅 전 과정을 포함한 다양한 기능을 제공한다(안옥희, 2024).

생성형 AI 활용 초개인화 서비스

초개인화 광고 활성화

2025년부터 생성형 AI를 활용한 초개인화 광고는 한층 강화될 것으로 보인다. AI 활용 초개인화 광고는 이용자의 관심사와 행동 패턴, 심지어 실시간 감정 상태까지 분석하여 가장 적합한 광고를 제공한다. 예를 들면, 넷플릭스는 AI를 활용하여 이용자의 콘텐츠 소비 패턴을 분석하고, 유튜브와 인스타그램은 이용자가 본 영상과 댓글, 좋아요 등을 분석해 최적의 광고를 띄운다. AI 맞춤형 배너 광고와 개인화된 동영상 광고가 이에 해당한다. AI 맞춤형 배너 광고는 웹사이트 방문자의 이전 탐색 기록을 기반으로 관심 상품을 자동으로 노출한다. 이용자가 스포츠용품을 검색하면 관련 스포츠 브랜드의 배너 광고가 자동으로 표시된다. 개인화된 동영상 광고는 이용자가 좋아할 만한 크리에이티브 요소 즉, 배경과 문구, 인물 등을 실시간으로 변경하여 제공한다. 특정 영화의 예고편을 이용자의 취향에 맞게 변화시키는 방식이다.

AI 기반 추천 광고

AI 기반 추천 광고는 AI가 이용자의 행동 패턴을 분석해 미리 상품을 추천하는 것이다. 쿠팡과 아마존, 네이버쇼핑 등은 '당신을 위한 추천' 섹션을 통해 AI가 이용자의 검색 이력과 구매 경험, SNS 활동 등을 분석해 맞춤형 광고를 띄운다. 이와 같은 시스템은 이용자가 찾지 않은 상품도 미리 추천해 구매를 유도한다. 서비스로는 개인화된 동영상 광고와 음성 AI 광고가 있다. AI 쇼핑 추천 광고의 경우, 네이버와 카카오, 구글에서 AI가 개인의 구매 패턴을 분석해 맞춤형 상품 광고를 제공하는 것을 말한다. 이용자가 특정 브랜드의 신발을 검색하지 않아도 유사한 신발을 광고로 띄운다. 음성 AI 광고는 AI 스피커가 이용자의 대화를 분석해 맞춤형 광고를 추천하는 것을 말한다. 이용자가 "오늘 저녁은 뭐 먹지?"라고 말하면, AI 스피커가 근처 음식점의 광고를 추천한다.

상거래 연계형 광고

상거래 연계형 광고는 광고를 보고 바로 결제하는 방식이다. 이용자가 광고를 보고 사이트에 들어가서 결제하는 방식이 아니라 광고 자체에서 구매한다. 인스타그램과 틱톡, 유튜브 등은 자사 쇼핑 광고에서 '바로 구매하기' 버튼을 통해 영상이나 콘텐츠를 보면서 결제하는 기능을 강화하고 있다. 여기서 AI는 실시간으로 이용자의 관심 상품을 띄워주고 구매를 유도한다. 생방송 상거래 AI 광고와 광고 내 즉시 결제 기능이 이에 해당한다. 예를 들면, 틱톡이나 유튜브에서 실시간으로 방송 중인 상품을 보면서 구매할 수 있다. 인스타그램의 쇼핑 광고에서도 '바로 구매하기' 버튼을 클릭하면 바로 결제된다.

자동화 광고

자동화 광고는 생성형 AI가 광고를 만드는 것을 말한다. AI는 크리에이티브와 영상, 텍스트, 이미지 등을 알아서 만들어 주는 광고 솔루션을 제공하는데, 각 이용자에 맞춰 실시간으로 광고 콘텐츠를 변화시키는 기술이 도입되고 있다. 기존에는 하나의 광고가 모든 이용자에게 노출되었지만, 이제는 AI가 실시간으로 이용자 맞춤형 광고 문구와 이미지, 심지어 모델까지 변할 수 있다. 서비스로는 'AI 자동 생성 광고(Creative AI Ads)'와 '딥페이크 AI 광고(Deepfake AI Ads)'가 있다. 'AI 자동 생성 광고'는 AI가 이용자의 성향에 맞춰 다른 크리에이티브를 실시간으로 생성하는 광고 솔루션이다. 예를 들면, 같은 광고라도 20대에게는 활동적인 이미지를, 40대에게는 신뢰감 있는 느낌을 제공할 수 있다. '딥페이크 AI 광고'는 가상 인플루언서를 활용한 광고 제작을 말한다. 유명 인플루언서나 가수의 얼굴을 AI가 생성해 광고에 등장시키는 방식이다. 이 방식은 광고 제작비를 줄이고, 더욱 몰입감 있는 콘텐츠를 제공할 수 있다(나스미디어, 2024).

참고문헌

나스미디어(2024.11). 『2025 디지털 미디어 & 마케팅 전망』. 1-33쪽.

송치훈(2024.12). '같이 마셔보겠나?' 아리수 권하는 세종대왕 AI… '올해의 광고PR상'. ≪동아일보≫, https://www.donga.com/news/Society/article/all/20241213/130634287/2

안옥희(2024. 9). 영상 · 카피 · 음악, 척하면 척… 광고도 AI 시대. ≪한경BUSINESS≫, https://magazine.hankyung.com/business/article/202408293875b

09

언론의 AI 비즈니스 모델

국내외 언론사들의 생성형 AI 활용에 대해 알아본다. 언론사의 자체 데이터베이스와 연계된 챗봇 서비스를 소개한다. 해외 강소 언론사들의 돋보이는 AI 활용법을 알아본다. 이를 토대로 생성형 AI가 언론의 기획과 취재, 기사 작성, 송고 등에 어떤 도움을 주는지 검토한다. 국내외 언론사들의 AI 활용 원칙을 살펴본다.

AI와 화장품?

언론의 생성형 AI 활용 사례

글로벌 주요 언론사들은 몇 해 전부터 생성형 AI를 편집국(보도국)에 도입하고 다양한 시도를 하고 있다. 챗봇을 활용한 자사 기사 학습과 기사 자동 요약, 멀티모달 모델(Multimodal Model) 적용을 통한 품질 개선 등을 추진하고 있다. 텍스트와 다양한 포맷의 자동 태깅, 검색 기능 강화, 시각 자료 보완 등도 챗봇이 담당한다. 한국 언론사들은 2024년부터 생성형 AI를 뉴스 취재와 제작, 이용자 서비스 등에 도입하는 것을 검토·준비하고 있다(최승영, 2024).

언론사 데이터베이스 연계한 챗봇 서비스

미국과 영국을 중심으로 주요 언론사들은 생성형 AI를 편집국에 도입하며 다양한 방식으로 활용하고 있다. 첫 번째로, 언론사 자체 데이터베이스와 연계된 챗봇 서비스다. 영국 경제 일간지 ≪파이낸셜 타임스(Financial Times)≫와 일간지 ≪가디언(Guardian)≫은 독자들의 질문에 자사 콘텐츠를 기반으로 답변하는 챗봇(Chatbot)을 운영하고 있고, 미국 일간지 ≪워싱턴 포스트(The Washington Post)≫는 기후 위기에 특화된 챗봇을 제공하고 있다. 두 번째로, 기사 자동 요약이다. 남아프리카공

화국 온라인 언론사 ≪데일리 매버릭(Daily Maverick)≫과 스웨덴 일간지 ≪아프톤블라데트(Aftonbladet)≫는 '챗지피티'를 통해 기사를 자동 요약해 제공 중이다. 특히 ≪아프톤블라데트≫는 자동 요약 도입 이후 젊은 독자층의 유입이 약 27% 증가했다. 이 신문사는 요약문에 "이 요약은 오픈AI를 이용해 생성되었으며, ≪아프톤블라데트≫의 검증을 거쳤다"는 내용을 명확히 표기해 신뢰도를 높이는 방식이다.

영국 국영방송 BBC와 통신사 로이터를 비롯한 일부 언론사들은 텍스트뿐만 아니라 이미지와 음성, 영상 데이터를 함께 처리하는 멀티모달 모델을 도입해 활용 중이다. AI를 통해 영상과 이미지에 자동으로 메타데이터를 태깅[Tagging, 콘텐츠 – 텍스트, 이미지, 오디오, 비디오 등 – 에 특정 키워드(태그)를 부여하여 분류와 검색을 쉽게 만드는 작업]함으로써 콘텐츠 검색과 활용의 효율성을 높이고 있다. 예를 들면, BBC는 기자들이 웃는 표정과 단체 사진, 여성이 포함된 사진 등 다양한 기준을 적용해 원하는 이미지를 쉽게 검색할 수 있도록 지원하고 있다. 로이터는 60만여 개의 영상과 2,300만여 장의 이미지, 1만여 개의 그래픽 자료를 통합 제공하는 '로이터 커넥트(Reuters Connect)'를 운영하면서 이용자의 검색 편의성과 파트너 언론사들의 제작 효율성을 높이고 있다(최승영, 2024).

미국 강소 언론사들의 AI 활용 돋보여

2024년 퓰리처상의 최고 영예인 공공 부문에서 전통적인 대형 신문사를 제치고 미국 온라인 비영리 탐사보도 매체 ≪프로퍼블리카(ProPublica)≫가 "법원의 친구들" 시리즈로 단독 수상했다. 이 시리즈는 미국 대법관들을 겨냥한 억만장자들의 로비 실태를 심층 조명했는데, 대법원이 대법관 행동 강령을 제정하는 계기가 됐다. 이번 수상으로 ≪프로퍼블리카≫는 통산 일곱 번의 퓰리처상을 수상했다.

또한, 주목받은 언론사 중 하나로 미국 ≪인비저블 인스티튜트(Invisible Institute)≫가 있다. 전통적인 조직 구조에서 벗어나 투명하고 유연한 협력 네트워크와 독창적인 조사 방식을 앞세운 이 언론사는 최근 4년간 네 차례 퓰리처상을 수상했다. 2007년 게릴라 저널리스트 제이미 칼벤(Jamie Kalven)이 설립한 이 단체는 시카고 경찰의 부패와 흑인·여성 인권 이슈를 전문적으로 다룬다. 2024년에는 비영리 저널리즘 기관 ≪시티 뷰로(City Bureau)≫와 협력해 시카고 남부 흑인 여성과 소녀들의 실종 사건과 경찰의 무관심을 파헤친 "시카고의 실종(Missing in Chicago)" 시리즈로 지역 보도 부문 퓰리처상을 수상했다. 1997년에는 백인 청소년들의 증오 범죄를 재조명한 팟캐스트 "너는 아무것도 보지 않았어(You Didn't See Nothin)"로 오디오 보도 부문에서도 수상했다.

2020년 출범한 미국 신생 매체 ≪룩아웃 산타 크루즈(Lookout Santa Cruz)≫는 2023년 캘리포니아를 강타한 홍수와 산사태에 대한 신속하고 심층적인 보도로 속보 부문에서 퓰리처상을 수상했다. 공공 부문에서는 ≪KFF 헬스뉴스(KFF Health News)≫가, 탐사보도 부문에서는 의료 전문 비영리매체 ≪스탯(Stat)≫이, 해설 보도 부문에서는 ≪텍사스트리뷴(Texas Tribune)≫이, 피처 라이팅 부문에서는 ≪더 마셜 프로젝트(The Marshall Project)≫가 각각 수상했다(이민규, 2024).

언론사 취재에 AI 역할 커

최근 퓰리처상 수상작들이 보여주는 미국 언론의 두 가지 주요 변화는 한국 언론에도 의미 있는 시사점을 제공한다. 첫 번째로, 소규모 언론사의 성장이다. 전통적인 대형 신문사들이 구독률 하락과 경영난에 직면한 가운

데, 독립성과 공정성을 바탕으로 특정 분야에 대한 깊이 있는 보도를 제공하는 강소 언론사들이 주목받고 있다. 이들은 회사 규모는 작지만 독자와 신뢰를 구축하며 영향력을 확대하고 있다.

두 번째로, 취재 과정에서 AI 기술의 활용이 점점 더 중요해지고 있다는 것이다. 2024년 퓰리처상 지역 보도와 국제 보도 수상작을 살펴보면, AI 기술이 방대한 데이터를 수집 · 분석하는 데 중요한 역할을 하고 있다는 것을 알 수 있다. 특히 ≪인비저블 인스티튜트≫의 사례처럼 AI의 활용은 인력의 한계를 극복하고 기자들이 보다 창의적이고 깊이 있는 취재에 집중할 수 있도록 지원한다. AI 기술을 효과적으로 도입하면 보도의 방향성을 보다 명확하게 하는 것은 물론, 방대한 데이터를 신속하고 효율적으로 처리함으로써 시간과 비용을 절감하는 동시에 심층 분석을 할 수 있다는 것을 보여주는 것이다(이민규, 2024).

언론의 AI 활용원칙

BBC 원칙: 언론이 마땅히 지켜야 할 상식

BBC는 2023년 10월 'AI 원칙(AI Principles)'을 발표하며, AI 기술 도입에 대한 기본적인 방향을 설정했다.

2024년에는 이를 더욱 구체화한 AI 활용 지침과 생성형 AI의 BBC 콘텐츠 적용 방안을 담은 가이드라인을 추가로 마련해 공개했다. BBC의 AI 원칙은 세 가지 핵심 가치-'공공의 이익', '재능과 창의성', '개방성과 투명성'-를 중심으로 구성되어 있다. '공공의 이익'은 BBC의 핵심 가치와 편집 기준, 공정성, 보안, 안정성을 따르는 것을 의미한다. '재능과 창의성'은 데이터 보호와 프라이버시 권리(Right to Privacy)를 존중하며, 인간의 창의성과 능력을 보존하는 것을 강조한다. '개방성과 투명성'은 AI의 투명한 활용 설명과 책임 있는 운영, 인간의 감독을 필수 요소로 보고 있다(강종구, 2024).

≪가디언≫의 질문: 우리는 꼭 '챗지피티'를 써야 하는가?

≪가디언≫의 생성형 AI 원칙은 보다 실무적인 고민과 방향을 제시한다. 가디언의 원칙은 AI 유관 조직을 'AI 워킹 그룹'과 'AI 요청 그룹', '연구 개발팀' 등 세 팀으로 나누고 각자에게 필요한 질문 수십 가지를 제시한다. 각 조직은 빠르게 AI 서비스를 출시하기보다 AI 원칙에 명시된 질문을 끊임없이 던지며 윤리적으로 제품을 만들어 나간다. 'AI 워킹 그룹'은 높은 단계의 질문과 기회, 위험, 방향을 논의하는 전략 조직이다. 편집국 등 각 조직

의 고위 직원들이 포함된다. 이들은 △≪가디언≫은 전사적으로 '챗지피티'와 같은 공개된 대규모 언어 모델을 사용해야 하는가? △≪가디언≫은 이미지 생성형 앱을 사용해야 하는가? △구글 등 플랫폼의 생성형 AI 도입이 ≪가디언≫에 어떤 영향을 주는가? 등의 질문에 대한 답을 찾는다.

'AI 요청 그룹'은 생성형 AI 도구 사용 요청을 검토 및 승인하는 전술 조직이다. 법무 등 엄밀한 보안 검토가 필요한 조직들이다. 이들은 △생성형 AI 도구를 업무에 사용해도 되는지, △약관이 가디언과 독자, 직원을 위험에 노출하는지, △책임감 있는 사용을 위해 어떤 규칙이나 지침을 마련해야 하는지를 고민하라고 제안한다. '연구개발팀'은 편집국용 도구를 만드는 기술 조직이다. 이들은 △모델을 미세 조정하는 것이 ≪가디언≫에 가치가 있는지, △새로운 도구의 출력을 어떻게 평가할 것인지, △환각(hallucination)의 위험성을 어떻게 없앨 것인지, △이용자와 직원에게 혜택을 주기 위해서는 어떤 도구를 개발해야 하는지 등에 대한 해답을 마련하고 있다(강종구, 2024).

≪한국일보≫, 국내 언론 최초 생성형 AI 취재 보도 활용 원칙

마련

≪한국일보≫는 생성형 AI를 취재 보도 과정에 이용할 때 필요한 구체적인 기준을 마련했다. ≪한국일보≫는 생성형 AI를 언론 업무에 활용하기에 앞서 생성형 AI 활용 준칙을 2024년 4월에 제정했다. 준칙은 전문과 8개조 20개 항으로 이루어졌다. 신문사는 준칙 전문에 "더 나은 정보 수집과 가공, 소통, 생산성 향상을 위해 생성형 AI를 실험하고 활용"한다고 밝혔다. 그러나 "사람 기자를 대체하는 것이 아니라 확장하는 도구로서 생성형 AI를 사용할 것을 명확히 한다"고 강조했다. 준칙은 취재(사실 확인)를 제외한 뉴스 제작 전반에 생성형 AI를 사용할 수 있도록 열어두었지만, 인간의 관여와 감독 없이는 AI로 생성한 뉴스를 보도하지 않는 것을 원칙으로 삼았다. 기자와 PD 등 뉴스 제작자가 사실 확인의 책임을 진다. 생성형 AI 활용 범위를 △아이디어 추출, 정보 검색 등 기획과 자료 조사 △문장이나 이미지 생성, 제목 추출, 요약, 번역 등 뉴스 제작 △기사 분류, 연관 기사 검색, 오탈자 체크 등 뉴스 제작의 보조적 기능 등으로 한정했다(김성후, 2024).

참고문헌

강종구(2024.11). 꼭 챗GPT를 써야 하는가… 가디언 'AI 원칙' 수십가지 질문들. ≪한국일보≫, https://www.hankookilbo.com/News/Read/A2024112615320002681?did=NA

김성후(2024.4). 한국일보, 국내 언론 첫 생성형 AI 취재보도 활용 원칙 마련. ≪기자협회보≫, https://n.news.naver.com/article/127/0000035549?cds=news_edit

이민규(2024.6). AI가 불러온 나비효과… 강소 언론사들의 약진. ≪시사저널≫, https://n.news.naver.com/article/586/0000079803?cds=news_edit

최승영(2024.12). 세계 언론, AI 뉴스룸 도입에 박차… '전략'이 필요하다. ≪기자협회보≫, https://n.news.naver.com/article/127/0000036874?cds=news_edit

10
AI와 저작권 이슈

최근 몇 년 사이 생성형 AI가 빠른 속도로 발전하고, 미디어 산업도 이를 적극 도입하여 다양한 비즈니스 모델을 탐색하고 있다. 이 과정에서 이전에 없었던 문제점도 나타나고 있다. 생성형 AI로 인해 콘텐츠 제작과 연예인, 언론사 등에 어떤 변화가 있는지 알아본다. 이를 비즈니스 모델로 발전시킬 수 있는 방안과 저작권 이슈를 살펴본다.

종교와 AI?

생성형 AI가 야기한 저작권 이슈

생성형 AI는 커버 곡을 쉽게 제작함에 따라 가수와 배우 등 연예인들의 새로운 비즈니스 모델 개발과 함께 저작권과 초상권, 퍼블리시티권(상업적 이용에 대한 권리) 등에서 문제가 나타나고 있다. 최근의 몇몇 사례를 소개하고 관련 이슈를 검토한다.

유명 연예인을 생성형 AI로 만들어 배포

최근 생성형 AI 기술을 활용한 이미지가 제작되는 사례가 늘면서 연예인이나 인플루언서의 얼굴을 기반으로 한 이미지 생성도 증가하고 있다. 미디어 산업에서는 AI 기반 제작물의 저작권 침해 가능성이 적지 않다. 특히 생성형 AI의 불법적이거나 악의적인 사용에 대한 우려가 커지고 있다. 이미 2024년에 유사한 사례가 발생했다. 2024년 5월 방탄소년단과 블랙핑크 등 세계적인 K팝 스타들의 얼굴을 이용한 이미지 생성이 빠르게 확산됐다. 이미지 공유 사이트 '시비타AI(CivitAI)'뿐만 아니라, 유튜브 등 많은 플랫폼에서 이미지를 찾아볼 수 있었다. 최근에는 AI를 이용한 음성 콘텐츠까지 등장하며 논란이 더욱 확대되고 있다. 유튜브의 숏폼 플랫폼 쇼츠에서도 AI 기술을 활용한 영상이 다수 업로드되고 있다. 가수 비비의 '밤양갱'이 인기를 끌면서 배우 황정민과 가수 아이유, 양희은 등의 목소리를 AI로 합성해 마치 이들이 직접 부른 것처럼 들리게 한 콘텐츠가 유행했다. 또한, 지드래곤이 부른 지코 · 제니의 'SPOT', 코미디언 김영철이 부른 임재범의 '고해', 박명수가 부른 이승철의 '말리꽃' 등도 높은 조회 수를 보이며 화제가 됐다. 이러한 AI 생성 콘텐츠들은 유튜브에서 수십만에서 수백만에 이르는 조회 수를 나타내고 있다. 하지만 실제로 해당 인물들이 직접 제작한 것이 아닌 AI 기술을 이용해 만들어진 결과물이라는 점에서 여러 가지 논란이 우려된다.

저작권 침해

저작권 침해가 성립하려면 두 가지 조건이 충족되어야 한다. 첫 번째로, 의거성이다. 콘텐츠가 다른 사람의 저작물을 기반으로 제작되었는지에 대한 판단이다. 두 번째로, 실질적 유사성이다. 원본과의 유사성에 대한 입증 여부이다. 또한, 이러한 제작물이 해당 인물의 동의 없이 사용될 경우, 초상권과 퍼블리시티권 침해에 해당할 수도 있다. 그러나 실제 법적 처벌이 이루어지려면 유명인이나 소속사가 직접 소송을 제기해야 하는 현실적인 제약이 따른다. 한편, AI를 활용한 콘텐츠 소비 방식이 하나의 밈(Meme. 인터넷에서 유행하는 콘텐츠)으로 자리 잡으면서 일부 연예인들은 이를 긍정적으로 받아들이기도 한다. 기존 홍보 방식에서 벗어나 새로운 형태의 대중과의 소통 수단이 될 수 있다는 평가가 나오는 이유다. 다만, AI 제작물의 무분별한 확산은 신중히 접근해야 할 사안이다. 이상용 건국대 법학전문대학원 교수는 "생성형 AI가 학습 과정에서 저작물이 포함된 데이터를 활용하는 것이 저작권 침해인지, 아니면 공정 이용으로 인정될 수 있는지가 핵심 쟁점"이라며, "미국 등에서 진행 중인 여러 소송 사례의 판결을 지켜볼 필요가 있다"고 설명했다(윤준호, 2024).

생성형 AI-언론사 저작권, 양 갈래

퍼플렉시티, 언론사와 뉴스 저작권 갈등

미국의 생성형 AI 스타트업인 퍼플렉시티(Perplexity)는 뉴스 기사 활용과 관련하여 주요 언론사들과 갈등을 겪고 있다. ≪뉴욕타임스≫는 2024년 10월 초순 퍼플렉시티에 저작권 침해 중단을 요구하는 정지 명령을 발송했다. 미국에서 정지명령(Cease and Desist)은 법원과 정부, 개인이 발송할 수 있다. 개인이 보낼 경우, 일반적으로 조치를 이행하지 않으면 법적 대응이 뒤따를 수 있다는 경고가 포함된다. ≪뉴욕타임스≫는 이 서한에서 퍼플렉시티가 서비스 약관을 위반하고, 유료 기능을 무단으로 우회하며, 허가 없이 자사 콘텐츠를 이용해 부당한 수익을 창출한다고 지적했다. 퍼플렉시티가 웹페이지 데이터를 자동으로 수집하는 크롤링(crawling)을 하지 않는다고 보장했지만 지금도 이를 행하고 있다고 비판했다. ≪뉴욕타임스≫는 퍼플렉시티가 검색 증강 생성(RAG, Retrieval Augmented Generation) 기술을 활용해 자사의 콘텐츠를 무단으로 사용하고 있다고 주장했다. 검색 증강 생성은 AI가 기존 데이터베이스에서 관련 정보를 검색해 최신 데이터를 반영함으로써 응답의 정확도를 높이는 기능이다. 그러나 퍼플렉시티는 웹페이지에 색인을 달거나 사실적 콘텐츠를 드러냈을 뿐이라며 ≪뉴욕타임스≫의 주장을 부인했다. 또한 법은 어떤 조직도 사실에 대한 저작권을 소유하고 있지 않음을 인정하고 있다고 주장했다(김지완, 2024)

오픈AI, 다수 언론사와 뉴스기사 사용 계약

'챗지피티'를 개발한 미국의 생성형 AI 스타트업인 오픈AI는 지피티 훈련을 위해 다수의 언론사와 뉴스 기사 사용 계약을 적극 체결하고 있다. 오픈AI는 2024년 6월에 미국의 대표적인 잡지인 ≪타임(Time)≫과 협력에 합의했다. 오픈AI와 타임은 콘텐츠 사용을 위한 다년간 계약을 체결했다고 발표했다. 이번 계약을 통해 오픈AI는 타임의 최신 기사뿐만 아니라 100년이 넘는 방대한 아카이브 자료를 AI 모델의 성능 향상과 훈련에 활용할 수 있게 됐다. 오픈AI는 "이용자의 질문에 대한 답변으로 타임의 콘텐츠를 '챗지피티'에서 제공하는 등 AI 챗봇의 기능 개선과 학습을 위해 해당 자료를 활용할 계획이라고 밝혔다. 오픈AI는 타임의 콘텐츠를 사용할 때 인용문과 함께 원본 기사의 링크를 제공할 예정이라고 설명했다.

오픈AI는 같은 해 5월 세계 최대 미디어 그룹 중 하나인 뉴스 코퍼레이션(News Corporation)과도 콘텐츠 사용 계약을 체결했다. 미국의 정치 전문 매체 ≪폴리티코(POLITICO)≫, 경제 전문 매체 ≪비즈니스 인사이더(Business Insider)≫의 모회사인 독일 미디어그룹 악셀 스프링거(Axel Springer), 미국 통신사 에이피(AP), 프랑스의 ≪르몽드(Le Monde)≫, 영국의 ≪파이낸셜 타임스≫ 등과도 협력을 맺었다. ≪월스트리트 저널(The Wall Street Journal)≫과 ≪뉴욕 포스트(New York Post)≫, 대형 출판사 ≪하퍼콜린스(HarperCollins)≫, 영국 일간지 ≪더 타임스(The Times)≫, 호주의 ≪유로 뉴스(Euronews)≫ 등을 보유한 뉴스 코프레이션과의 계약 규모는 5년간 2억 5,000만 달러(약 3,300억 원)에 달하는 것으로 알려졌다(조슬기, 2024).

향후 전망

생성형 AI 인한 디지털 휴먼-연기자 · 크리에이터

생성형 AI와 연기자의 협력이다. 예를 들면, AI와 협력하는 가상 배우 비즈니스 모델을 들 수 있다. 일부 연기자들은 자신의 AI 아바타를 직접 관리하는 방식으로 AI를 활용할 수도 있는 것이다. 한류 스타가 자신의 AI 버전을 만들어 다국적 광고에 활용하는 사례를 생각해 볼 수 있다. AI 기반 크리에이터 도구 활성화 모델이다. 유튜브와 틱톡 등에서 크리에이터가 AI를 활용한 콘텐츠 제작 자동화를 빨리 추진할 것으로 보인다. 이와 관련, 유튜브는 2024년 생성형 AI로 자동 편집과 썸네일(Thumbnail. 원본 이미지나 동영상의 내용을 대표하는 축소판 이미지인 미리보기 이미지를 의미) 제작, 자막 생성 기능을 추가하기도 했다.

갈등 요소로는 AI 기반 가상 배우와 기존 연기자 간 경쟁 심화를 들 수 있다. AI가 생성한 디지털 휴먼이 영화와 드라마, 광고에 등장하면서 기존 배우들과의 갈등이 부상한 것이다. 실제로 2023년 미국 배우조합(SAG-AFTRA) 파업 때, AI가 배우들의 얼굴과 목소리를 무단으로 사용하지 못하도록 해야 한다는 주장이 나왔다. 실제 연예인의 음성이나 얼굴 데이터 무단 사용도 문제가 될 수 있다. 2024년 미국 할리우드 배우들이 자신의 얼굴이나 목소리 사용을 제한하는 계약을 체결하는 사례가 늘어난 것도 이와 같은 이유에서다.

생성형 AI와 언론사: 저작권 문제 vs. 뉴스 자동화

생성형 AI와 언론사의 협력 모델이다. AI와 저널리즘의 협업 모델과 언론사와 AI 기업 간 저작권 협력을 검토해 볼 수 있다. AI와 저널리즘의 협업은 언론사들이 생성형 AI를 활용해 뉴스 요약과 번역, 사실 확인(Fact Check)을 자동화할 수 있다. 로이터는 생성형 AI를 활용해 다국어 번역과 기사 자동 생성 기술을 실험 중이다. 다음은 언론사와 AI 기업 간 저작권 협력이다. 언론사가 생성형 AI에 자사 뉴스를 판매할 수도 있지만, 이를 무상 공급하고 생성형 AI로부터 다른 서비스를 제공받는 경우를 생각해 볼 수 있다. 실제로 오픈AI는 2023년에 일부 언론사와 협력을 통해 기사 학습을 허용받은 사례가 있다.

갈등 요소로는 기사 학습과 저작권 문제, AI 기사와 기자의 직업적 위기를 들 수 있다. 기사 학습과 저작권 문제의 경우, 생성형 AI가 뉴스 기사를 학습하면서 저작권 침해 여부가 논쟁의 핵심이 되고 있다. 2023년 ≪뉴욕타임스≫가 오픈AI를 상대로 불법 기사 학습과 무단 사용을 이유로 소송을 제기한 것이 이에 해당한다. 다른 해외 언론사와 한국 언론사도 생성형 AI 모델 학습을 막거나 저작권 계약 협상을 요구할 것으로 예상된다. 다음은 AI 기사와 기자의 직업 안정성 문제다. 즉, 생성형 AI가 뉴스 기사를 작성하면서 기존 기자들의 역할이 축소될 수 있다. 일례로, 2024년 AP통신과 블룸버그(Bloomberg. 미국의 글로벌 금융과 소프트웨어, 데이터, 미디어 기업으로, 금융 정보와 경제 뉴스 제공) 등은 AI를 활용한 재무보고와 스포츠뉴스 자동화를 이미 도입했다. 이 업무를 담당한 기자들의 일이 없어진 것이다.

참고문헌

김지완(2024.10). 뉴욕타임스, AI 기업 '퍼플렉시티'에 저작권 침해 중단명령 보내. 뉴스1, https://www.news1.kr/world/usa-canada/5569744

윤준호(2024.5). AI 방탄소년단→AI 블랙핑크, '저작권 침해' 가능성 대두. 텐아시아, https://tenasia.hankyung.com/article/2024053170784

조슬기(2024.6). 챗GPT 개발사 오픈AI, 美 타임지 콘텐츠 사용계약. SBS, https://biz.sbs.co.kr/article/20000178674?division=NAVER

백상기

YTN에 재직 중이며, 성균관대학교 미디어문화융합대학원 겸임교수다. 성균관대학교 대학원 미디어커뮤니케이션학과에서 언론학 박사 학위를 받았다. 미디어 이용자와 하이테크 연구에 관심이 많다. 2020년부터는 AI에 대한 공부와 연구에 천착하고 있다. 한국방송학회 발행 저널 ≪방송통신연구≫ 편집위원(2019~2020)을 역임했다. 주요 연구로는 “Feedback effect of brand extension in cable networks established by parent newspaper brands: applying expectation disconfirmation theory”(2017), “AI 스피커 채택 영향요인에 관한 탐색적 연구: 경험자와 비경험자 간 차이 영향요인 분석을 중심으로”(2020), “대학생의 AI 스피커 이용에 영향을 미치는 요인에 대한 탐색적 연구 : 의사사회적 상호작용이론과 기대일치이론을 중심으로”(2020), “트랜스미디어 스토리텔링’ 기반의 방송콘텐츠 제작 과정 연구”(2020), “게임 이용동기, 게임 효용감, 게임 규범성 및 게임 인식이 게임선용에 미치는 영향에 대한 연구: 다층모형 분석을 중심으로”(2019) 등 20여 편의 논문을 SSCI, KCI 등의 등재학술지에 게재했다. 『엔터테인먼트 마케팅』(2021)을 공동 저술했다.